भक्ति काव्य-यात्रा

(कबीर-जायसी-सूर-तुलसी-मीराँ के संदर्भ में)

ऐसे लोगनि सौं का कहिए।
जे नर भए भगति तैं बाहज तिन तैं सदा डरांने रहिए।

— *कबीर*

भक्ति काव्य-यात्रा

(कबीर-जायसी-सूर-तुलसी-मीराँ के संदर्भ में)

रामस्वरूप चतुर्वेदी

लोकभारती प्रकाशन

लोकभारती प्रकाशन
पहली मंजिल, दरबारी बिल्डिंग, महात्मा गांधी मार्ग
प्रयागराज-211 001

वेबसाइट : www.lokbhartiprakashan.com
ईमेल : info@lokbhartiprakashan.com

शाखाएँ : 1-बी, नेताजी सुभाष मार्ग, दरियागंज
नई दिल्ली-110 002
अशोक राजपथ, साइंस कॉलेज के सामने
पटना-800 006
1, अनमोल सोराबजी संतुक लेन, धोबी तलाव,
मरीन लाइंस, मुम्बई-400 002

पहला संस्करण : 2003
पहली आवृत्ति : 2024

राजकमल प्रकाशन प्रा. लि.
नई दिल्ली-110 002
द्वारा मुद्रित

BHAKTI KAVYA-YATRA
by Ram Swarup Chturvedi

ISBN : 978-93-9218-657-8

मूल्य : ₹495

आनंद-ब्रह्मानंद सहोदर के लिए

विषय-सूची

आमुख

भक्ति-काव्य को हिंदी कविता का स्वर्ण युग कहने का सीधा तात्पर्य होता है कि यहाँ काव्य की रचनात्मक क्षमता अपने श्रेष्ठतम रूप में है। पर इस काव्य का एक अन्य स्तर पर जो वैशिष्ट्य है, उस की ओर ध्यान प्रायः नहीं जाता। भक्ति-काव्य हिंदी समाज की उदारतम चेतना का दस्तावेज़ है। कबीर-जायसी-सूर-तुलसी-मीराँ इस युग के श्रेष्ठ कवि हैं, यह मान्यता सर्वस्वीकृत है। इस का निहितार्थ है कि यहाँ हिंदू-मुसलमान, ब्राह्मण-दलित, पुरुष-स्त्री—समाज के सभी वर्गों का यह साझा रचना-कर्म है, भले वे वर्ग सामान्य तौर पर समाज में अपना अलगाव बनाए रखते हों। यों हिंदी जीवन की व्यापक समरसता का अन्यतम प्रमाण है हिंदी भक्ति-काव्य! तब आधुनिक युग में नये-नये प्रचलित 'दलित साहित्य' या कि 'स्त्री साहित्य' जैसे पद हिंदी की अपनी परंपरा से बेमेल बैठते हैं। भक्ति-काव्य वस्तुतः हिंदी समाज की अनेक रूढ़ियों के बावजूद उस की प्रबल जीवनी शक्ति का गतिशील और उज्ज्वल साक्ष्य है।

फिर यह भी संयोग से कुछ अधिक है कि ये पाँचों कवि मिल कर समूचे हिंदी प्रदेश के विविध जनपदों अथवा बोली-क्षेत्रों का प्रतिनिधित्व करते हैं—पूर्व में भोजपुरी (कबीर) से लेकर अवधी (जायसी-तुलसीदास)-ब्रज (सूरदास-तुलसीदास) होते हुए पश्चिम में राजस्थानी (मीराँबाई) तक।

सर्जनात्मक क्षेत्र में समग्रता-समरसता की यह भारतीय परंपरा पहले से चली आती है। स्त्रियाँ वैदिक सूक्तों की रचयिता हैं। आदि कवियों में एक बर्बर जनजातियों में पोषित हैं, दूसरे दासी-पुत्र। तुलसी के प्रयोग में 'बाजपेयी' तो कोई नहीं। यह महज़ संयोग नहीं, यह प्रतिभा की सर्वतंत्र स्वाधीनता का उद्घोष है, जो किसी क्षेत्र-वर्ण-संप्रदाय-लिंग के अधीन नहीं। तब यह बात समझ में आती है कि समूचे भारतीय परिदृश्य पर, और हिंदी क्षेत्र में विशेषतः, संत कहे जाने वाले कवि अधिकतर तथाकथित निम्न जातियों से उठ कर ऊपर आए थे। उन की प्रतिभा को किसी प्रकार के आरक्षण की अपेक्षा नहीं थी। हिंदी समाज की उदारता भी यहाँ ध्यातव्य है कि उसने रचनाकार के प्रसंग में किसी तरह का भेद-भाव नहीं बरता।

राम तथा कृष्ण-कथा हमारे देश में युग-युग से चली आने पर भी हर युग का रचनाकार अपना संदर्भ उस में तलाश लेता है, यह उन की अक्षय अर्थ-क्षमता का प्रमाण है। 'महाभारत' से 'कृष्णचरित्र' (बंकिम) और 'अंधा युग' या कि 'मृत्युंजय' (शिवाजी सावंत), और आगे तक, रचना-यात्रा ऐसे ही चलती है। यह प्रक्रिया आलोचक के लिए भी प्रेरणाप्रद है। 'रामायण'-'रामचरितमानस'-'राम की शक्ति-पूजा' के रचनाकार अपने-अपने राम की सर्जना करते हैं तो आलोचक भी 'रामायण', 'रामचरितमानस' या कि 'शक्ति-पूजा' का अपने ढंग से पुनर्सृजन करते हैं। अन्यथा

रामचंद्र शुक्ल-हजारीप्रसाद द्विवेदी के बाद भक्ति-काव्य के विवेचन का किसी के भी द्वारा क्या औचित्य होता! प्रस्तुत विवेचन से यह औचित्य प्रमाणित कहाँ तक होता है, यह विचार कर पाना स्पष्ट ही मेरे लिए संभव नहीं।

इतिहास समय के अनुक्रम में पीछे से आगे बढ़ता है, पर देखना बहुत बार इस के उल्टे क्रम में होता है, क्योंकि वैसे ही सहज परिप्रेक्ष्य बनता है। 'आधुनिक कविता-यात्रा' (१९९८) के बाद इस 'भक्ति काव्य-यात्रा' में दृष्टि-बिंदु यों आधुनिक होगा, परिदृश्य अतीत का। तभी वह अतीत हमारे वर्तमान से ठीक-ठीक जुड़ेगा। रचना-क्रम में आधुनिक काल आता है भक्ति-काल के बाद, आलोचना-कर्म में यह क्रम उलट जाए तो इस का अपना औचित्य है।

इस प्रसंग में कहना होगा कि लगभग तीन दशक पूर्व मध्यकालीन काव्यभाषा का अध्ययन प्रस्तुत किया था। तब दृष्टि कविता बनने की प्रक्रिया पर अधिक थी। अब कविता पर ही है। अर्थात् सीधे पक्षी पर; न गुरु पर, न पास खड़े सहपाठियों पर, और न वृक्ष पर ही। आधुनिक संरक्षणप्रधान दृष्टि से ध्यान अब पक्षी के लक्ष्य-भेद पर नहीं, उसे मन में उतार लेने पर है कि अन्य भी उसे देख सकें। यों, कुल मिला कर, देखना-दिखाना ही यहाँ मुख्य उद्देश्य है। सत्तर पार कर लेने पर रुचि इधर हो जाए, तो यह भी समझ में आने वाली बात है। देखना-दिखाना फिर एक स्तर पर दृश्य के अर्थ-संवर्द्धन में परिणत होता है, और आप कहते हैं कि आलोचना 'की है'।

आधुनिक युग में निराला से लेकर बच्चन, दिनकर, अज्ञेय, शमशेर, लक्ष्मीकांत वर्मा तक—विद्रोह, जवानी, सौंदर्य और अनर्थक के कवि—अपने उत्तर-काव्य में भक्ति की ओर उन्मुख हैं। ये भक्त कवि नहीं, पर भक्ति-काव्य इन्होंने लिखा है। हिंदी भक्ति-काव्य-परंपरा को समझने के लिए इस समूचे प्रवाह को एकबारगी देखना उपयुक्त होगा। इस दृष्टि से अध्ययन का अंतिम अध्याय आधुनिक भक्ति-काव्य पर केन्द्रित किया गया है।

प्रक्रिया की दृष्टि से संस्कृति में धर्म का सत उतरता है। भक्ति काव्य धर्म को संस्कृति से जोड़ने वाली ऐसी ही प्रक्रिया है साहित्य के स्तर पर। एक ओर आलोचक से अपेक्षित है कि वह धर्म-भक्ति-संस्कृति की इस अंतर-क्रिया को स्पष्ट करे, तो दूसरी ओर 'विचार-धारा' में बंद किए गए नये, और विशेषत: पुराने, रचनाकारों को मुक्त कराना, उस का एक मुख्य दायित्व है। कहना न होगा, इस दुहरे दायित्व-निर्वाह की ओर भी आलोचक का प्रस्तुत विवेचन में ध्यान रहा है। लेखक की पिछली कृति 'हिंदी साहित्य और संवेदना का विकास' (१९८६) के कुछ अंश यहाँ आ गए हैं; मिलते-जुलते संदर्भों में इतनी आत्म-तस्करी अपरिहार्य हो जाती है।

बड़े लेखकों को, अपने उपयोग के लिए, हस्तगत करने का एक माध्यम क्षेपक रहे हैं, जो मध्यकालीन काव्य के पसारे में अनिवार्यत: मिलते हैं। क्षेपक, स्पष्ट ही, किसी रचनाकार की व्यापक समाज में बहुग्राह्यता में से उपजते हैं। वे अनेक छोटे-मझोले कवि, जो किसी बड़े कवि की अनुकृति में रचना करके, उस की छाप से, अपनी इन

रचनाओं को चला देते हैं, बड़ा त्याग करते हैं; स्वेच्छा से अपनी रचना अपने प्रिय कवि के वाङ्मय में विलीन कर देते हैं। उन की ये रचनाएँ साहित्यिक स्तर पर विलोम जारज संतान कही जा सकती हैं। सामान्यत: तो रचनाकार अपने श्रोता-पाठक-भावक के मन में अपनी रचना के माध्यम से कुछ भावनाएँ, कुछ विचार संक्रमित करके उन्हें वर्द्धित करता है। यहाँ क्षेपककार उल्टे अपने से बड़े लेखक के वाङ्मय में अपनी भावनाएँ और विचार उपजाता है। इसीलिए क्षेपक को कहा गया विलोम जारज संतान। सभी बड़े भक्त कवियों के पाठ में इन क्षेपकों की समस्या आती है। यह संतोष का विषय है कि मध्यकालीन कवियों में से अनेक के वैज्ञानिक रीति से संपादित पाठ अब सुलभ हैं। यह ठीक है कि इन पाठों को भी शत-प्रतिशत शुद्ध-निर्भ्रांत नहीं कहा जा सकता। वस्तुत: पाठों का शुद्धीकरण एक निरंतर विकसनशील प्रक्रिया है। भक्ति कवियों के अध्येता से अपेक्षित यही है कि वह अपने विवेचन में यथासंभव इन प्रामाणिक पाठों को आधार बनाए। तभी वह कबीर-जायसी-सूर-तुलसी-मीराँ की रचनाओं का मर्म ठीक-ठीक ग्रहण कर सकेगा। ऐसा करने में एक ओर मूल रचनाकार के मंतव्य के प्रति न्याय हो सकेगा, दूसरी ओर पाठ-संपादकों के श्रम और मनोयोग के प्रति। यदि पाठ ही अशुद्ध हुआ तो उस का विवेचन, अर्थ-संवर्द्धन आप से आप दूषित होता जाएगा। प्रस्तुत अध्ययन में प्रामाणिक पाठों के चुनाव के प्रति पूरी सजगता रक्खी गई है।

राष्ट्रीयता को हम हिंदी क्षेत्र में आधुनिक भाव बोध की मुख्य पहिचान मानते हैं, क्योंकि यह वृत्ति यत्नज और स्वचेतन है। इसीलिए भारतेंदु को आधुनिक चेतना का अग्रदूत कहा जाता है। भक्ति काव्य में स्पष्ट ही राष्ट्रीयता की कोई ऐसी चेतना नहीं है। पर भक्ति-काव्य हमारी राष्ट्रीयता का एक प्रमुख अंत:साक्ष्य अवश्य है। आलवारों के काव्य से लेकर मध्यकाल में समूची भारतीय सर्जनात्मक क्षमता को उत्प्रेरित करनेवाली वृत्ति भक्ति ही रही है। और इस स्तर पर संतों-सूफियों-सगुण भक्ति कवियों का काव्य अखिल भारतीय स्तर पर सामान्य जन के लिए शक्ति-स्रोत रहा है। काव्य का ऐसा विराट्, विस्तृत स्वरूप अन्यत्र आसानी से देखने में नहीं आता।

साथ ही यह भी स्मरणीय है कि अद्वैत और भक्ति का ऐसा समन्वय अन्य परंपराओं में संभव नहीं हुआ। यह हिंदी भक्ति-काव्य का वैशिष्ट्य है, जहाँ निर्गुण कहे जाने वाले कबीर एक के बाद एक सगुण संदर्भों को उठाते हैं, सगुणोपासक सूर निर्गुण की महिमा बखानते हैं—'तातैं सूर सगुन-पद गावै।' सैमेटिक सभ्यताओं के अंतर्गत कल्पना-प्रधान रचना-रूपों में सगुण लीला का चित्रण त्याज्य है। प्रसिद्ध शायर और विचारक अली सरदार जाफ़री 'कबीर बानी' की भूमिका में लिखते हैं, ''मुसलमान सूफ़ी रसूले-इस्लाम का नाम लेने में बहुत सतर्क हैं। उन का उसूल है कि 'बा-खुदा दीवाना बाश ओ बा-मुहम्मद होशियार'। (खुदा के साथ तो दीवानापन कर सकते हो लेकिन रसूल का नाम लेते वक़्त सावधान रहना चाहिए।)'' (राजकमल संस्करण, पृ० २८)। ईसा मसीह के कल्पना-प्रधान चित्रण प्राय: अनिवार्य रूप से

विवादग्रस्त रहे हैं। यों, सैमेटिक परंपराएँ अपने ईश्वर और उन के प्रतिनिधियों के चरित्र-चित्रण की पवित्र भाव-भूमि के प्रति बराबर सतर्क-सावधान रही हैं।

स्वयं हिंदी भक्ति-काव्य में राम के चरित्र को लेकर कल्पनाशीलता कहीं वैसे उत्साहित नहीं दिखती, जैसे कृष्ण के चरित्र को लेकर दिखती है। तब यह अकारण नहीं कि 'मुसलमान हरिजनन' ने जब भक्ति-काव्य लिखा तो प्राय: कृष्ण के चरित्र को केन्द्र में रख कर। कृष्ण की तुलना में राम के चरित्र की तितिक्षा पर हल्का व्यंग करते हुए जयशंकर प्रसाद लिखते हैं, "इस पौराणिक धर्म के युग में विवेकवाद का सबसे बड़ा प्रतीक रामचंद्र के रूप में अवतरित हुआ, जो केवल अपनी मर्यादा में और दु:खसहिष्णुता में महान् रहे। किंतु पौराणिक युग का सब से बड़ा प्रयत्न श्रीकृष्ण के पूर्णावतार का निरूपण था।" (रहस्यवाद) इस प्रसंग में रोचक तथ्य यह है कि राम-कथा का विस्तार देश में, और उसके बाहर दूर पूर्व तक, कृष्ण-कथा की तुलना में कुछ अधिक ही हुआ है।

हमारे देश में कहा जाता है कि अलग-अलग भाषाओं में लिखे जाने पर भी भारतीय साहित्य एक है। यह उक्ति जहाँ सर्वाधिक चरितार्थ होती है वहाँ प्रसार है भक्ति काव्य का। तब भक्ति काव्य का अध्येता भी भारतीय चेतना से सर्वाधिक तादात्म्य यहीं अनुभव करता-कराता है। अपनी केन्द्रीय भौगोलिक स्थिति, और सांस्कृतिक परंपरा के कारण इस समूची प्रक्रिया में हिंदी भक्ति काव्य की विशिष्ट भूमिका रही है, जहाँ हिंदू-मुसलमान, ब्राह्मण-दलित, पुरुष-स्त्री के भेद-भाव एकबारगी विलीन हो गए हैं। यह स्पष्ट ही काव्य की श्रेष्ठतम भाव-भूमि है।

काव्य-संगीत सामान्यत:, और भक्ति-काव्य विशेषत:, वह विशाल सुरसरिधारा है जिस में पाठक-श्रोता अपने क्षुद्र मनोविकारों को विलीन करता इस प्रक्रिया में स्वत: स्वस्थ-शांत अनुभव करता है। यों यह प्रवाह सभ्यता के आरंभ से, बिना स्वयं प्रदूषित हुए, अवगाहन करने वालों को निर्मल बनाता है। व्यापक पर्यावरण प्रदूषण के युग में इस की नितांत व्यावहारिक उपयोगिता स्वत: स्पष्ट है, उच्चतर लक्ष्यों की बात अभी न भी की जाए तो।

इलाहाबाद **—रामस्वरूप चतुर्वेदी**

८ अगस्त, २००२

१

भक्ति-काल का उदय

जीवन के उच्चतर लक्ष्यों के संदर्भ में सिद्धों-नाथों की ठेठ अद्वैत-परंपरा के बाद, हिंदी साहित्य में **भक्ति-धारा** का विकास इतिहासकारों को कुछ अटपटा लगता रहा है, यद्यपि उन्होंने अधिक ध्यान बराबर इस पक्ष पर दिया है कि वीरगाथा काल के बाद सहसा भक्ति-भावना का उदय कैसे हुआ! अपने 'रहस्यवाद' शीर्षक निबंध में जयशंकर प्रसाद ने इस स्थिति की व्याख्या यह कह कर की है, ''दु:खवाद जिस मननशैली का फल था, वह बुद्धि या विवेक के आधार पर, तर्कों के आश्रय में बढ़ती ही रही। अनात्मवाद की प्रतिक्रिया होनी ही चाहिए। फलत: पिछले काल में भारत के दार्शनिक अनात्मवादी ही भक्तिवादी बने और बुद्धिवाद का विकास भक्ति के रूप में हुआ।'' फिर कुछ व्यंग की मुद्रा में प्रसाद आगे कहते हैं, ''जिन-जिन लोगों में आत्मविश्वास नहीं था, उन्हें एक त्राणकारी की आवश्यकता हुई।'' कवि प्रसाद की यह व्याख्या आलोचक रामचंद्र शुक्ल के दृष्टिकोण से एक स्तर पर जुड़ जाती है। जिसे उन्होंने अपने इतिहास में 'वीरगाथा काल' कहा, वहाँ आत्मविश्वास का भाव निश्चित रूप से मिलता है, और फिर क्रमश: एक के बाद एक राजनैतिक-सैनिक पराजय के क्रम में जातीय आत्मविश्वास भाव स्खलित होता जाता है, और भक्ति-भावना मुखर हो उठती है, ''जिन-जिन लोगों में आत्मविश्वास नहीं था, उन्हें एक त्राणकारी की आवश्यकता हुई।'' यों रामचंद्र शुक्ल की ऐतिहासिक संदर्भों की व्याख्या और प्रसाद की दार्शनिक संदर्भ की व्याख्या एक दूसरे की पूरक बन जाती है।

ग्रियर्सन, रामचंद्र शुक्ल और **हजारीप्रसाद द्विवेदी** भक्ति के उदय की व्याख्या तीन भिन्न रूपों में करते हैं। ग्रियर्सन के लिये वह एक बाह्य प्रभाव है, रामचंद्र शुक्ल के लिये वह बाहरी आक्रमण की प्रतिक्रिया है, और हजारीप्रसाद द्विवेदी उसे महज़ भारतीय परंपरा का अपना स्वत: स्फूर्त्त विकास मानते हैं। ये क्रमश: विदेशी, देशी और लोक-पक्ष को महत्त्व देने की अलग-अलग परिणतियाँ हैं। ग्रियर्सन की ईसाई प्रभाव वाली धारणा अब बहुत विचारणीय नहीं रह गई। हाँ, रामचंद्र शुक्ल और हजारीप्रसाद द्विवेदी की व्याख्याओं में दृष्टिगत अंतर ध्यान देने योग्य है। आचार्य शुक्ल बाह्य इस्लामी तत्वों से क्रिया-प्रतिक्रिया को अपनी इतिहास संबंधी दृष्टि में बराबर महत्त्व देते हैं, जब कि आचार्य द्विवेदी की निगाह परंपरा के अपने विकास पर अधिक केन्द्रित है। इन दोनों आचार्यों की विचार-धारा का परीक्षण एक ओर उनकी इतिहास संबंधी समझ पर प्रकाश डालता है तो दूसरी ओर भक्ति-काल के उदय की सामाजिक

परिस्थितियों को आलोकित करता है। आचार्य शुक्ल अपने इतिहास में भक्ति के उदय की व्याख्या करते हुए इस बात का स्पष्ट उल्लेख करते हैं कि यह धारा एक रूप में दक्षिण से उत्तर की ओर आ रही थी "भक्ति का जो सोता दक्षिण की ओर से धीरे-धीरे उत्तर भारत की ओर पहले से ही आ रहा था उसे राजनीतिक परिवर्तन के कारण शून्य पड़ते हुए जनता के हृदय-क्षेत्र में फैलने के लिये पूरा स्थान मिला।" (पृ० ५४) इस रूप में वे सामान्यजन में प्रचलित उक्ति 'भक्ति द्राविड़ ऊपजी, लाये रामानंद' का वैदुषिक स्तर पर समर्थन करते हैं। इस्लाम की आक्रामक परिस्थितियों ने भक्ति के इस प्रभाव को तीव्र कर दिया, यह उनकी मूल मान्यता है। जयशंकर प्रसाद का विवेचन, जैसा संकेत किया गया, मूलतः दार्शनिक संदर्भ में हुआ है। और इस विश्लेषण का साक्ष्य काफी दूर तक हमारा इतिहास प्रस्तुत करता है। विदेशी शासन के पूर्व, हिंदी चिंता-धारा के एकदम आरंभ में अद्वैत-चिंतन की प्रमुखता थी, जो सिद्धों-नाथों की बानियों में सहज द्रष्टव्य है। प्रायः एक सहस्र वर्षों की पराधीनता के लंबे क्रम के बाद उन्नीसवीं शती के पुनर्जागरण में अद्वैतवादी चिंतन पुनः केन्द्रीय रूप में स्थापित होता है, जिसका प्रतिफलन प्रसाद-निराला के काव्य में देखा जा सकता है, जिसे 'छायावाद-रहस्यवाद' संज्ञा दी गई। यों, चिंतन का चक्र पूरा घूम जाता है।

भक्ति-काल के उदय की व्याख्या के प्रसंग में **रामचंद्र शुक्ल** और **हजारीप्रसाद द्विवेदी की इतिहास-दृष्टि का अंतर** बखूबी देखा जा सकता है। '**हिंदी साहित्य का इतिहास**' का आरंभिक अंश यों खुलता है, "जब कि प्रत्येक देश का साहित्य वहाँ की जनता की चित्तवृत्ति का संचित प्रतिबिंब होता है तब यह निश्चित है कि जनता की चित्तवृत्ति के परिवर्तन के साथ-साथ साहित्य के स्वरूप में भी परिवर्तन होता चला जाता है। आदि से अंत तक इन्हीं चित्तवृत्तियों की परंपरा को परखते हुए साहित्य-परंपरा के साथ उनका सामंजस्य दिखाना ही 'साहित्य का इतिहास' कहलाता है।" यहाँ साहित्य की परिवर्तन-प्रक्रिया के संदर्भ में संयुक्त क्रिया 'होता चला जाता है' का प्रयोग बड़ा सटीक बन पड़ा है। आचार्य शुक्ल की आलोचना और इतिहास-भाषा में वैसी ही सतर्कता दिखती है जैसी कि रचनाकारों की काव्यभाषा में। आज जब कि साहित्येतिहास-दर्शन हिंदी के आलोचकों और तथाकथित इतिहासकारों के बीच उत्तरोत्तर लोकप्रिय विषय होता जा रहा है और इतिहास-लेखन उतना ही दुःसाध्य तब यह देखकर बड़ा सुखद अचरज होता है कि रामचंद्र शुक्ल का साहित्येतिहास-दर्शन कुल इस एक वाक्य में समा गया है, जिसका पूरा निर्वाह इतिहास-ग्रंथ में हुआ है।

'**हिंदी साहित्य की भूमिका**' में हजारीप्रसाद द्विवेदी की प्रस्तावना इस प्रकार है—"मैं इसी रास्ते सोचने का प्रस्ताव करता हूँ। मतों, आचार्यों, संप्रदायों और दार्शनिक चिंताओं के मान-दंड से लोकचिंता को नहीं मापना चाहता बल्कि लोकचिंता की अपेक्षा में उन्हें देखने की सिफारिश कर रहा हूँ।" आचार्य शुक्ल की प्रतिज्ञा में केन्द्रीय प्रयोग 'जनता की चित्तवृत्ति' है तथा आचार्य द्विवेदी की प्रस्तावना में ऐसा प्रयोग 'लोक-चिंता' का है। ऊपर से एक-से दिखने पर भी दोनों प्रयोगों में गुणात्मक अंतर है। ऐसा नहीं कि

शुक्ल जी 'लोक' शब्द की छायाओं से परिचित नहीं थे। साहित्य के उद्देश्य के संबंध में वे बराबर 'लोक मंगल' की बात कहते हैं। पर यहाँ उन्होंने 'जनता' शब्द चुना है जो समाज के सभी वर्गों और समूचे जनजीवन को समेटता है। हजारीप्रसाद द्विवेदी का प्रिय शब्द 'लोक' है जो जनता के अपेक्षाकृत पिछड़े वर्ग को संकेतित करता है। यों द्विवेदी की चिंता समाज के पिछड़े वर्ग की ओर अधिक है। तब यह भी स्वाभाविक है कि आचार्य शुक्ल के मानक कवि जनता में प्रिय कवि तुलसी हैं, जब कि द्विवेदी के मानक कवि लोक में प्रिय कवि कबीर हैं।

रामचंद्र शुक्ल साहित्य के व्यापक उद्देश्य के प्रसंग में लोक मंगल की बात कहते हैं, पर साहित्य की विकास-प्रक्रिया के संदर्भ में जनता को महत्त्व देते हैं, जिसके अंतर्गत समाज के ऊँचे-नीचे सभी वर्ग आ जाते हैं। इस्लाम का प्रभाव और संपर्क आरंभ में स्पष्ट ही उच्च और मध्य वर्ग से अधिक रहा; लोक तक छन कर पहुँचने में समय की लंबी अवधि अपेक्षित है। माना यह गया है कि विदेशी प्रभावों की आक्रामकता से बचने के लिए देशी संस्कृति प्रायः लोक का आश्रय लेती है। हजारीप्रसाद द्विवेदी विकास-प्रक्रिया में लोक को केन्द्र में रखते हैं, इसीलिए विदेशी प्रभावों की सत्ता और सक्रियता उनकी दृष्टि से ओझल हो जाती है। समूची जनता की दृष्टि सामने रखते हुए रामचंद्र शुक्ल इस्लामी प्रभाव की क्रिया-प्रतिक्रिया का महत्त्व समझते हैं, जबकि हजारीप्रसाद द्विवेदी लोक-चिंता की अपेक्षा में सब कुछ को मापते हुए लोक और उसकी जातीय परंपरा के विकास को ही केन्द्र में रखते हैं। 'जनता' और 'लोक' के ये प्रयोग इन इतिहासकारों की दृष्टि का अंतर भलीभाँति परिभाषित करते हैं।

इस संदर्भ में भक्ति के उदय की व्याख्या पर विचार करना समीचीन होगा। रामचंद्र शुक्ल ने इस्लाम के प्रति प्रतिक्रिया को यहाँ पहला स्थान दिया है। अपने इतिहास में, और भक्त कवियों के विवेचन में अन्यत्र भी, वे हिंदुओं के पराभव और उससे उत्पन्न सांस्कृतिक संकट को भक्ति काल के विकास का प्रमुख कारक मानते हैं। महाकवि सूरदास उनके द्वारा चर्चित तीन भक्त कवियों—सूरदास, जायसी और तुलसीदास—में काल-क्रम से पहले आते हैं। अतः इस प्रसंग में उन्होंने भक्ति के उदय की व्याख्या देने का यत्न किया है। वे लिखते हैं, "हिंदुओं के स्वातंत्र्य के साथ ही साथ वीर-गाथाओं की परंपरा भी काल के अँधेरे में जा छिपी। इस हीन दशा के बीच वे अपने पराक्रम के गीत किस मुँह से गाते और किन कानों से सुनते? जनता पर गहरी उदासी छा गई थी...हृदय की अन्य वृत्तियों (उत्साह आदि) के रंजनकारी रूप भी यदि वे चाहते तो कृष्ण में ही मिल जाते, पर उनकी ओर वे न बढ़े। भगवान् का यह व्यक्त स्वरूप यद्यपि एकदेशीय था—केवल प्रेम था—पर उस समय नैराश्य के कारण जनता के हृदय में जीवन की ओर से एक प्रकार की जो अरुचि सी उत्पन्न हो रही थी उसे हटाने में उपयोगी हुआ। मनुष्यता के सौंदर्यपूर्ण और माधुर्यपूर्ण पक्ष को दिखा कर इन कृष्णोपासक वैष्णव कवियों ने जीवन के प्रति अनुराग जगाया, या कम से कम जीने की चाह बनी रहने दी।" *('महाकवि सूरदास' : 'त्रिवेणी')* उद्धरण के अंतिम अंश का

मितकथन जितना मार्मिक है उतना ही अर्थपूर्ण भी। हिंदू जिजीविषा के साथ भक्त कवियों का संबंध जोड़ कर इतिहासकार ने इन कवियों के अद्वितीय महत्त्व की ओर संकेत किया है। वीरगाथा काल की जिजीविषा एक प्रकार की थी तो भक्ति-काल की दूसरे प्रकार की। वीर और शृंगार से लेकर शांत तक की यह विकास-यात्रा जैसे भर्तृहरि के तीन शतकों की बनावट के समानांतर चली हो। हजारीप्रसाद द्विवेदी को आचार्य शुक्ल का उक्त विश्लेषण मान्य नहीं। 'हिंदी साहित्य की भूमिका' में वे दिखाते हैं कि मध्यकाल की भक्ति रचनाएँ, विशेषत: संत-काव्य, भारतीय चिंता-धारा का स्वाभाविक विकास हैं। 'भूमिका' की निश्चित मान्यता है, ''बौद्ध तत्त्ववाद, जो निश्चय ही बौद्ध आचार्यों की चिंता की देन था, मध्ययुग के हिंदी साहित्य के उस अंग पर अपना निश्चित पद-चिह्न छोड़ गया है जिसे 'संत साहित्य' नाम दिया गया है...मैं जो कहना चाहता था वह यह है कि बौद्ध धर्म क्रमश: लोकधर्म का रूप ग्रहण कर रहा था और उसका निश्चित चिह्न हम हिंदी साहित्य में पाते हैं'' (पृ० ९-१०)। यानी द्विवेदी की धारणा यह है कि बौद्ध धर्म क्रमश: लोक स्तरों में संक्रमित हुआ और धीरे-धीरे निर्गुण तथा सगुण दोनों भक्तिधाराओं का प्रेरक तत्त्व बन गया। इसी सिलसिले में उन्होंने भक्ति साहित्य के विकास में इस्लाम के विशिष्ट प्रभाव को नकारा। 'भूमिका' का ही अब प्रसिद्ध काव्य है...''लेकिन जोर देकर कहना चाहता हूँ कि अगर इस्लाम नहीं आया होता तो भी इस साहित्य का बारह आना वैसा ही होता जैसा आज है।'' (पृ० २)

अपने एक अगले अध्ययन में आचार्य द्विवेदी ने मध्यकालीन भक्ति साहित्य के विकास के पीछे एक और तत्त्व रेखांकित किया है। उनका मानना है कि प्राकृत-अपभ्रंश की शृंगार-प्रधान कविताओं की प्रतिक्रिया में भक्तिपरक रचनाओं को बढ़ावा मिला। '**मध्यकालीन बोध का स्वरूप**' के अंतिम अंश में वे लिखते हैं, ''अत्यधिक प्राकृत-केन्द्री कविता की प्रतिक्रिया का अवसान सहज भगवत्प्रेम में हुआ। संतों और सगुण मार्गी भक्तों ने नये रसबोध को बढ़ावा दिया। यद्यपि रीतिकाल में संस्कृत की प्रवृत्तियों को जिलाये रखा गया, पर भक्ति के आदर्श उसे भी चालित करते रहे।'' (पृ० ११९) उल्लिखित पुस्तक का मूल विषय संपूर्ण भारतीय साहित्य का मध्यकाल है जिसका विस्तार वे ९वीं से १८वीं शती तक मानते हैं। इस काल में समीक्षक परिलक्षित करता है कि भारतीय चिंता विवेक के स्थान पर रूढ़ि का समर्थन करती है। इस अवधि के उत्तरार्द्ध यानी १३वीं शती से द्विवेदी हिंदी साहित्य का मध्यकाल मानते हैं, जिसकी चर्चा भर छेड़ कर वे प्रस्तुत व्याख्यानों का समापन करते हैं। इस तरह भक्ति-काव्य के विकास के पीछे वे दो तत्त्व देख रहे हैं—एक तो बौद्ध चिंतन प्रक्रिया का विकास और दूसरे प्राकृत अपभ्रंशों की शृंगारिकता के विरुद्ध प्रतिक्रिया। और इन दोनों तत्त्वों को वे भारतीय लोक-जीवन से जुड़ा हुआ मानते हैं। रामचंद्र शुक्ल ने इतिहास-प्रक्रिया में जहाँ '**जनता**' को केन्द्र में रखा था वहाँ हजारीप्रसाद द्विवेदी '**लोक**' को रखते हैं, और इस बल-भेद से उनके विवेचन तथा निष्कर्ष में स्वभावत: गुणात्मक अंतर आ जाता है। तब इस्लाम के संबंध में द्विवेदी का मत है ''हिंदी साहित्य में भी

यह प्रभाव 'प्रभाव' के रूप में ही स्वीकार किया जाना चाहिए, प्रतिक्रिया के रूप में नहीं।'' (पृ० २९)

यहाँ स्पष्ट है कि रामचंद्र शुक्ल ने भक्तिकाल संबंधी अपनी व्याख्या में इस्लाम के प्रति जो प्रतिक्रिया की बात कही थी, वह हजारीप्रसाद द्विवेदी को स्वीकार नहीं है। अच्छा तो होता कि दो पंडितों के बीच के इस विवाद को यहीं छोड़ा जा सकता। पर एक तथ्य की ओर ध्यान दिलाए बिना यह प्रसंग अधूरा रह जाएगा। सूरदास विषयक अध्ययन करते समय विद्वानों ने प्रायः वल्लभाचार्य की इन पंक्तियों को उद्धृत किया है, ''देश म्लेच्छाक्रांत है, गंगादि तीर्थ दुष्टों द्वारा भ्रष्ट हो रहे हैं, अशिक्षा और अज्ञान के कारण वैदिक धर्म नष्ट हो रहा है, सत्पुरुष पीड़ित तथा ज्ञान विस्मृत हो रहा है, ऐसी स्थिति में एकमात्र कृष्णाश्रय में ही जीवन का कल्याण है।'' भक्त-कवियों के एक प्रमुख गुरु के सीधे साक्ष्य पर यों प्रतिक्रिया वाली व्याख्या पुष्ट होती है। अच्छा होगा कि प्रभाव और प्रतिक्रिया दोनों रूपों में इस्लाम की व्याख्या सहज भाव और अकुंठ मन से की जाए। तब आचार्य शुक्ल और आचार्य द्विवेदी के बीच दिखने वाला यह प्रसिद्ध मतभेद अपने-आप शांत हो जाएगा। भक्ति-काव्य के विकास के पीछे बौद्ध धर्म का लोक-मूलक रूप है और प्राकृतों के शृंगार-काव्य की प्रतिक्रिया है तो इस्लाम के सांस्कृतिक आतंक से बचाव की सजग चेष्टा भी है।

इस्लाम की प्रतिक्रिया वाली रामचंद्र शुक्ल की व्याख्या को कई बार अनजान में, या कि शायद जानबूझ कर, विभ्रमित किया जाता है। हजारीप्रसाद द्विवेदी ने 'हिंदी साहित्य की भूमिका' में, और उनके योग्य शिष्य नामवर सिंह ने गुरु-प्रसंग में लिखित अपनी पुस्तक 'दूसरी परंपरा की खोज' में इस्लाम के आगमन से उत्पन्न सांस्कृतिक आतंक की समस्या को हिंदुओं के लिए महज़ सरकारी नौकरियाँ न मिल पाने की चिंता के रूप में देखा है, और इस निमित्त से आचार्य शुक्ल के दृष्टिकोण को प्रसिद्ध पाश्चात्य कला-आलोचक और इतिहासकार हेवेल की विचार-धारा के साथ नत्थी कर दिया है। हेवेल के मत का सारांश द्विवेदी ने यों प्रस्तुत किया है,...''भारतीय पांडित्य ईसा की एक सहस्राब्दी बाद आचार-विचार और भाषा के क्षेत्रों में स्वभावतः ही लोक की ओर झुक गया था। यदि अगली शताब्दियों में भारतीय इतिहास की अत्यधिक महत्त्वपूर्ण घटना अर्थात् इस्लाम का प्रमुख विस्तार न घटी होती तो भी वह इसी रास्ते जाता। उसके भीतर की शक्ति उसे इसी स्वाभाविक विकास की ओर ठेले लिए जा रही थी। उसका वक्तव्य विषय कथमपि विदेशी न था। प्रोफेसर हेवेल ने अपने 'हिस्ट्री ऑफ आर्यन रूल' में लिखा है कि मुसलमानी सत्ता के प्रतिष्ठित होते ही हिंदू राजकाज से अलग कर दिये गए इसलिए दुनिया की झंझटों से छुट्टी मिलते ही उनमें धर्म की ओर, जो उनके लिए एकमात्र आश्रय-स्थल रह गया था, स्वाभाविक आकर्षण पैदा हुआ। यह गलत व्याख्या है। मैं प्रस्ताव करता हूँ कि हमारे पाठक आगे के सहस्राब्दक की साहित्यिक चेतना को जाति की स्वाभाविक चेतना के रूप में देखें, अस्वाभाविक अधोगति के रूप में नहीं।'' (पृ० १४) हेवेल का उपर्युक्त सरलीकरण, और उसमें

निहित दृष्टिकोण निश्चय ही 'गलत व्याख्या है', इसमें दो मत नहीं। पर हेवेल की विचार-धारा में वल्लभाचार्य या रामचंद्र शुक्ल के दृष्टिकोण को प्रक्षिप्त करना भी कम गलत नहीं। हेवेल विदेशी इतिहासकार है, उसके लिए हिंदू जन का राजकाज से हटा दिया जाना धर्म को उनके लिए एकमात्र आश्रय-स्थल छोड़ देता है। पर वल्लभाचार्य के लिए प्रश्न नौकरियों का नहीं हिंदू अस्मिता का है, और रामचंद्र शुक्ल के लिए उसके सूक्ष्म और निथरे स्वरूप संस्कृति का, जिसकी ओर आगे चल कर आधुनिक युग के तेजस्वी कवि निराला का ध्यान जाता है। हजारीप्रसाद द्विवेदी द्वारा उद्धृत हेवेल में जो 'आश्रय-स्थल' पद आता है वह ऊपर से एक-सा दिखने पर भी वल्लभाचार्य द्वारा निर्दिष्ट 'कृष्णाश्रय' से कितना भिन्न है, गुणात्मक रूप में, यह इस संदर्भ में आसानी से समझा जा सकता है। हेवेल और वल्लभ की व्याख्या में वही दृष्टिभेद है, जो आगे चल कर १८५७ को 'गदर' और 'स्वतंत्रता-संग्राम' कहे जाने के बीच है।

जैसा संकेत किया जा चुका है, भक्ति-काल के उदय की इस व्याख्या में अंतर का प्रमुख कारण रामचंद्र शुक्ल और हजारीप्रसाद द्विवेदी के बीच इतिहास-दृष्टि का फरक है। शुक्ल के लिए समाज अपने सभी वर्गों के साथ, जिसे वे समष्टि रूप में 'जनता' कहते हैं, साहित्यिक परिवर्तन और विकास के लिए जिम्मेदार है, द्विवेदी इसके लिए प्रमुख कारक 'लोक' को मानते हैं, जो समाज का अपेक्षया पिछड़ा वर्ग है। समकालीन जीवन में भी इन दोनों शब्दों की ऐसी ही छायाएँ 'जनता पार्टी' और 'लोक दल' के नामकरण में देखी जा सकती हैं। समाज के सभी वर्गों की क्रिया-प्रतिक्रिया पर ध्यान रखने के कारण रामचंद्र शुक्ल के लिए इस्लाम का आगमन उनके विवेचन में गुणात्मक महत्त्व रखता है, जब कि हजारीप्रसाद द्विवेदी लोक को केन्द्र में रखते हैं जहाँ इस्लाम का प्रभाव और उसके लिए क्रिया-प्रतिक्रिया उतना महत्त्व नहीं रखते; वह केन्द्र में नहीं हाशिए पर है, रुपये में बारह आना (आज का पचहत्तर पैसा) नहीं, चार आना हो तो हो।

सूर के गुरु महाप्रभु वल्लभाचार्य ने अपने समय में कृष्णाश्रय यानी कि भक्ति-भावना की व्याख्या किस रूप में की है, इसका उल्लेख हो चुका है। वह एक समकालीन का साक्ष्य है। आधुनिक काल के एक बड़े कवि और तुलसी-प्रशंसक निराला तुलसी के उदय को किस रूप में देखते हैं यह भी इस संदर्भ में विचारणीय है—विद्रोही स्वभाव के कवि निराला मर्यादा पुरुषोत्तम राम के गुण-गायक तुलसी के प्रशंसक क्यों और कैसे हो जाते हैं, यह आलोचनात्मक जिज्ञासा का एक सर्वथा योग्य पर यहाँ अवांतर विषय है। लगता है कि तुलसी के निमित्त से इस क्यों और कैसे का ही समाधान निराला ने अपने काव्य 'तुलसीदास' में दिया है। निराला मूलत: इतिहासज्ञ या प्रकरण-कर्त्ता नहीं हैं। पर उनका साक्ष्य एक आधुनिक संवेदनशील कवि और सांस्कृतिक जीवन के सावधान अध्येता के रूप में महत्त्वपूर्ण है।

'तुलसीदास' काव्य १०० छंदों में रचा गया है। आरंभ के ३६ छंदों में, यानी एक तिहाई से कुछ अधिक अंश में कवि निराला ने तत्कालीन जीवन की विषम

परिस्थितियों का मार्मिक चित्रण किया है—'भारत के नभ का प्रभापूर्य / शीतलच्छाय सांस्कृतिक सूर्य' से आरंभ करके 'उमड़े, भारत का भ्रम अपार हरने को' तक। पहले छंद में ही निराला ने व्यक्त कर दिया है कि उनकी चिंता सांस्कृतिक स्तर पर है। वे देख रहे हैं कि कैसे भारत का सांस्कृतिक सूर्य मंद पड़ गया है और इस्लाम की चाँदनी फैल रही है। सूर्य और चंद्र हिंदू तथा इस्लामी संस्कृति के परंपरित प्रतीक हैं। आरंभ में मुगलों और पठानों के आक्रमण को वर्षा के रूपक में बाँधा गया है। देश में राजनैतिक पराभव की इस वर्षा-ऋतु के बाद सांस्कृतिक शिथिलता की शरद् आती है—

अब, धौत धरा, खिल गया गगन,
उर-उर को मधुर, ताप प्रशमन
बहती समीर, चिर-आलिंगन ज्यों उन्मन;
झरते हैं शशधर से क्षण-क्षण
पृथ्वी के अधरों पर निःस्वन
ज्योतिर्मय प्राणों के चुंबन, संजीवन।

यह अकबर का शासन-काल है शांति और तथाकथित समृद्धि से भरपूर, जिसका संकेत छंद के ध्वन्यात्मक विधान से भी मिलता है, खास तौर से सैनिक आक्रमण वाले छंदों की ध्वनि-प्रखरता की तुलना में—

मोगल-दल बल के जलद-यान,
दर्पित-पद उन्मद-नद पठान
हैं बहा रहे दिग्देशज्ञान, शर-खरतर;
छाया ऊपर घन-अंधकार—
टूटता वज्र दह दुर्निवार,
नीचे प्लावन की प्रलय-धार, ध्वनि हर-हर।

और यहीं कवि की चिंता आरंभ होती है। राजनैतिक पराभव की वर्षा को लेकर वह उदास था, पर चिंतित नहीं। अब शरद् की शांति और निश्चेष्टता में वह परेशान है। सूर्य और चंद्रमा, वर्षा और शरद् के ऐसे प्रतीकात्मक तथा सटीक रूपक शायद ही अन्यत्र कहीं बाँधे गए हों। हिंदू जीवन का 'सांस्कृतिक सूर्य' मुसलमानी आक्रमण की तीव्र वर्षा में छिप गया है, और फिर धीरे-धीरे इस्लाम की संस्कृति शरद् चाँदनी की तरह फैलने लगती है। निराला के तुलसीदास की चिंता राजनैतिक पराभव तथा राजपदों और नौकरियों से हटाए जाने की नहीं है, उनके लिए चुनौती इस्लामी संस्कृति को लेकर है, जिसे उन्होंने काव्य की एकदम आरंभिक पंक्तियों में व्यक्त कर दिया है—

भारत के नभ का प्रभापूर्य
शीतलच्छाय सांस्कृतिक सूर्य
अस्तमित आज रे—तमस्तूर्य दिङ्मंडल;

यह तो उस समय हिंदू संस्कृति की स्थिति है। फिर पहले ही छंद के उत्तरार्द्ध में वे इस स्थिति के मूल कारण को स्पष्ट करते हैं—

उर के आसन पर शिरस्त्राण
शासन करते हैं मुसलमान;
है ऊर्मिल जल; निश्चलत्प्राण पर शतदल।

यह 'शतदल' भी हिंदू जीवन के उत्फुल्ल प्रतीकों में से एक है जो इस्लाम के शासन-काल में 'निश्चलत्प्राण' हो गया है। निराला यहाँ कहीं भी परिस्थिति को दबाते या छिपाते नहीं। उनसे ऊने कवि को इस काव्य के आधार पर 'सांप्रदायिक' करार देकर रद्दी की टोकरी में डाल दिया गया होता। पर निराला अगर निडर नहीं तो कुछ भी नहीं। वे इस्लाम के सांस्कृतिक आतंक को स्पष्ट देख रहे हैं, और इन्हीं परिस्थितियों के बीच वे तुलसी के कवि-जीवन का उदय दिखाते हैं। वल्लभाचार्य ने तत्कालीन हिंदू धर्म की दुरवस्था का वर्णन किया था, निराला समग्र संस्कृति को मुरझाए कमल के रूप में अंकित करते हैं। जायसी ने 'पद्मावत' में सहज-अकुंठ भाव से हिंदू-तुरक युद्ध का जगह-जगह चित्रण किया है निराला ने भी वैसे ही स्थिर मन से कहा—'शासन करते हैं मुसलमान' *(तुल० वल्लभ की पंक्ति—'म्लेच्छाक्रांतेषु देशेषु'।)* यह हिंदू अस्मिता के लिए संकट की घड़ी है।

इस सांस्कृतिक संकट की चुनौती से जूझने को उद्यत होते हैं तुलसीदास। भक्ति-काल के उदय को लेकर रामचंद्र शुक्ल की व्याख्या का यह जैसे काव्यात्मक चित्रण निराला ने किया हो। इतिहासकार के दृष्टिकोण का जैसा पुष्ट समर्थन वल्लभाचार्य के प्रकरण-ग्रंथ से होता है, वैसी ही मार्मिक सहमति उसे आधुनिक कवि निराला से प्राप्त होती है। हेवेल की सीधी-सतही व्याख्या का संदर्भ भी यहाँ अप्रासंगिक जान पड़ता है।

इतिहासकार रामचंद्र शुक्ल और हजारीप्रसाद द्विवेदी के मत-भेद को लेकर कुछ चर्चा इतिहास-विशेषज्ञ नामवरसिंह ने अपनी इधर प्रकाशित पुस्तक 'दूसरी परंपरा की खोज' में की है। स्पष्ट ही उन्होंने अपने गुरु आचार्य द्विवेदी का पक्ष सिद्ध करना चाहा है। तर्क का रूप उन्हीं की शब्दावली में इस प्रकार है, "यह सही है कि स्तोत्र के इन श्लोकों में एक जगह देश के 'म्लेच्छाक्रांत' होने का उल्लेख है और यदि 'म्लेच्छ' को मुसलमान का वाचक मान भी लिया जाय तो उससे यहाँ कहाँ सिद्ध होता है कि गंगादि तीर्थों के भ्रष्ट होने, वेदों के अर्थ के तिरोहित होने, व्रतादिक सभी कर्मों के नष्ट होने, पाखंड, पाप, अज्ञान आदि के बढ़ने के लिए ये म्लेच्छ ही जिम्मेदार हैं और इन्हीं के आक्रमण के कारण कृष्ण का आश्रय ढूँढ़ा जा रहा है?" वल्लभाचार्य के उपर्युक्त श्लोकों की नामवरसिंह द्वारा की हुई व्याख्या निश्चय ही विश्लेषण की अपेक्षा रखती है। 'दूसरी परंपरा की खोज' पर लिखी हुई यह पुस्तक इन अंशों में स्वयं यह स्पष्ट भी करती चलती है कि दूसरी परंपरा को पहली परंपरा के पंडितों ने दबाया कैसे होगा! गला दबाती सहानुभूति का यह रोचक उदाहरण है।

'देश म्लेच्छाक्रांत है' *('म्लेच्छाक्रांतेषु देशेषु')* यह इस प्रसंग-खंड का उद्घोषक वाक्य है, जिसे नामवरसिंह यह कह कर हल्का करना चाहते हैं कि 'एक जगह देश के म्लेच्छाक्रांत होने का उल्लेख है'। शायद गीत की टेक की तरह यदि इस वाक्य की बार-बार आवृत्ति होती तो उन्हें समझ में आता कि सचमुच 'देश म्लेच्छाक्रांत है'। काकुतर्क आगे बढ़ता है 'म्लेच्छ' शब्द के अर्थ को लेकर। बड़ी कठिनाई से आलोचक मान पाता है कि 'म्लेच्छ' का अर्थ मुसलमान हो सकता है। वल्लभाचार्य के समय में यवन (ग्रीक), शक, हूण कोई भारत देश को आक्रांत नहीं किये थे। तब 'म्लेच्छ' का एक ही और सीधा अर्थ होता है मुसलमान! यह सब आज अत्यंत अप्रिय प्रसंग लग सकता है, पर इतिहास हमारे प्रिय और अप्रिय लगने से नहीं बनता। इतिहास को दबाने और झुठलाने से वर्तमान अधिक अप्रिय हो सकता है जो हमारे लिए ज्यादा बड़ी समस्या है। मूल बात यह है कि आज इस्लाम के प्रति हमारा जो संतुलित ऐहिक दृष्टिकोण है वह मध्यकालीन जन-जीवन में संभव नहीं था। इन दो परिस्थितियों के बीच लंबा इतिहास है जिसे अनदेखा नहीं किया जा सकता। इस्लाम इस देश में जब आया तो आक्रामक होकर, आज वह हमारे राष्ट्रीय जीवन का अंग है, इन दोनों बिंदुओं को समझकर ही इतिहास को वर्तमान में समरस किया जा सकता है।

नामवरसिंह का सबसे रोचक तीसरा तर्क है जहाँ वे कहते हैं ''तो उससे यहाँ कहाँ सिद्ध होता है कि गंगादि तीर्थों के भ्रष्ट होने...आदि के बढ़ने के लिए ये म्लेच्छ ही जिम्मेदार हैं।'' वे पहले भी कह चुके हैं कि 'एक जगह देश के म्लेच्छाक्रांत होने का उल्लेख है'। यदि वे देख पाते कि इस प्रसंग का प्रथम और उद्घोषक वाक्य है 'म्लेच्छाक्रांतेषु देशेषु' तो आसानी से समझ जाते कि इस वाक्य और अगले वाक्यों के बीच कारणकार्य संबंध स्थापित है, जिससे श्लोक के बीच में वाक्य-विन्यास की दृष्टि से 'अत:' जोड़ने की अपेक्षा नहीं रह गई है। स्वयं अपना निष्कर्ष नामवरसिंह इस प्रसंग में यों प्रस्तुत करते हैं, ''इस प्रकार मध्ययुग के भारतीय इतिहास का मुख्य अंतर्विरोध शास्त्र और लोक के बीच का द्वन्द्व है, न कि इस्लाम और हिंदू धर्म का संघर्ष।'' (पृ० ७७) यह निष्कर्ष कितना नामवरसिंह के अपने तर्कों पर आधारित है और कितना मध्यकालीन साहित्यिक परिस्थिति पर, यह देखने की बात है।

हिंदी का पहला काव्य, और महाकाव्य, 'पृथ्वीराज रासउ' हिंदू-मुस्लिम संघर्ष की गाथा है। हिंदी के पहले बड़े कवि कबीर के कृतित्व का एक बड़ा अंश इस संघर्ष को प्रशमित करने पर खर्च हुआ है। फिर हिंदी का पहला बड़ा महाकाव्य जायसी का 'पद्मावत' इसी हिंदू-तुरक द्वन्द्व की कथा कहता है। और यह स्मरणीय है कि इन सभी प्रसंगों में सांप्रदायिकता की भावना कहीं नहीं है—न हिंदू कवि चंद बिरद्दिया में, न मुसलमान कवि मलिक मुहम्मद जायसी में, और न ना-हिंदू-ना-मुसलमान कहे जानेवाले कवि कबीरदास में। यह हिंदी काव्यभाषा और साहित्य परंपरा की जीवंतता का सबसे बड़ा प्रमाण है कि जिसका जन्म हिंदू-मुस्लिम संघर्ष के साथ होता है और जो इस संघर्ष का अनेक रूपों में चित्रण करती है पर जिसकी रचना में सांप्रदायिक दृष्टि

का संस्पर्श भी नहीं होने पाता। विरोधों को साधना हिंदी भाषा की प्रकृति का अंग है, यह कई प्रसंगों में अन्यत्र स्पष्ट किया गया है। हिंदू-मुस्लिम-संघर्ष की वस्तु का हिंदी रचनाकार द्वारा सजग चुनाव इसके लिए एक और साक्ष्य प्रस्तुत करता है। पर नामवरसिंह इस परिदृश्य से मुँह मोड़ कर रामविलास शर्मा और इरफान हबीब के विद्वत्तापूर्ण अध्ययनों के आधार पर सिद्ध करने को उत्सुक हैं कि ''मध्ययुग के भारतीय इतिहास का मुख्य अंतर्विरोध शास्त्र और लोक के बीच का द्वन्द्व है, न कि इस्लाम और हिंदू धर्म का संघर्ष।''

ऐसे आलोचक वस्तुत: हिंदू-मुसलमान चर्चा आते ही परेशान होने लगते हैं। उनकी दृष्टि में यह चर्चा मात्र सांप्रदायिकता से प्रेरित और प्रभावित है। इस मन:स्थिति में वे हिंदी भाषा और साहित्य के मूल असांप्रदायिक चरित्र की अवहेलना करते हैं, या उस पर सच्चे मन से विश्वास नहीं कर पाते। वे यह नहीं देखते कि चंद या जायसी हिंदू-मुस्लिम युद्ध का वर्णन करके भी कहीं पक्षधर नहीं होते, और कबीर तो इस पक्षधरता के ही सबसे बड़े विरोधी हैं। यही नहीं, आधुनिक काल के सबसे बड़े आलोचक रामचंद्र शुक्ल की दृष्टि में मुसलमान कवि जायसी यदि किसी से तुलनीय हैं तो गोस्वामी तुलसीदास से।

इस प्रसंग में एक बात और ध्यान देने योग्य है। आदिकाल के कवि चंद, या मध्यकाल में तथाकथित निर्गुणमार्गी कबीर और जायसी जगह-जगह हिंदू और तुरक की चर्चा करते हैं। पर क्या वजह है कि सगुण भक्त कवि सूर और तुलसी के विशाल वाङ्मय में 'हिंदू' या 'तुरक' का प्राय: नगण्य प्रयोग मिलता है? कंस या रावण के चरित्र में वे आसानी से इस्लाम के अनुयायी बादशाह का चरित्र प्रक्षिप्त कर सकते थे। पर अपनी रचना के तन्मय भाव में उन्होंने कहीं इस संघर्ष का उल्लेख तक नहीं किया। सगुण भक्ति, और रचनाशीलता दोनों में तन्मयकारी तत्त्व है, और जब भक्त-कवि की रचना हो तो उसकी तन्मयता कई गुना बढ़ जाएगी जो फिर रचना को भी समृद्धतर करती चलेगी। 'कृष्णाश्रय' प्रयोग में वल्लभाचार्य का शायद ऐसा ही कुछ भाव रहा होगा।

'भारतीय साहित्य की प्राणधारा और लोकधर्म' शीर्षक अपने उपर्युक्त अध्याय का समापन नामवरसिंह ने एक गहरी जिज्ञासा के साथ किया है। इस जिज्ञासा का उन्होंने स्वयं कोई समाधान नहीं दिया, यद्यपि उनकी मुद्रा है कि जैसे वे इस प्रश्न का उत्तर जानते हैं पर अभी बताएँगे नहीं। वे लिखते हैं, ''यह भी एक विरोधाभास ही है कि शास्त्र-संवलित होकर साहित्य जिस मात्रा में सामाजिक दृष्टि से लोक-विमुख तथा लोक-विरोधी विचारों की ओर विचलित होता गया, काव्य-भाषा तथा काव्य-कला की दृष्टि से उसी मात्रा में समृद्धतर होता गया। कबीर से चल कर क्रमश: जायसी, सूर और तुलसी तक के विकास का मूल्यांकन इस दृष्टि से रोचक हो सकता है। किंतु यह प्रश्न न तो मुक्तिबोध ने उठाया है और न द्विवेदी जी ने ही, इसलिए महत्त्वपूर्ण होते हुए भी

प्रस्तुत प्रसंग में इसकी चर्चा अप्रासंगिक होगी।'' यहाँ पहुँच कर अध्याय समाप्त हो जाता है।

नामवरसिंह यहाँ विचार, रचना, काव्य-भाषा और काव्य-कला को टुकड़ों में बाँट लेते हैं, यानी साहित्य (सहित-भाव) को राहित्य कर लेते हैं। फिर विचारों की प्रगतिशीलता और कला की श्रेष्ठता के बीच उल्टा अनुपात स्थापित होता है : जो विचारों की दृष्टि से जितना प्रगतिशील है कला की दृष्टि से उतना ही हीन। मुक्तिबोध और द्विवेदी जी दो पर ही नामवरसिंह की आस्था है, इन दोनों पर उनके स्वतंत्र अध्ययन हैं। और क्योंकि इन दोनों ने ही यह प्रश्न उठाया नहीं अतः उन्होंने इसे यहाँ चर्चा के योग्य नहीं समझा। यदि ध्यान से देखें तो लगेगा कि उपर्युक्त मान्यता के पीछे विवेचन नहीं बल्कि एक सीधे सरलीकरण का मोह है जिसे चाहें तो यों कह सकते हैं कि जैसे-जैसे कोई साहित्यिक युग समय की दृष्टि से आगे बढ़ता है त्यों-त्यों उसमें कला-चेष्टा गहरी होती जाती है और वैचारिक क्षमता लोक-विमुख होती जाती है। कबीर से लेकर जायसी, सूर, तुलसी तक के काल में आलोचक इस मान्यता को चरितार्थ देखना चाहता है।

इस मान्यता के पीछे, जैसा कहा गया, साहित्य का संश्लिष्ट रूप आहत हुआ है। कबीर और जायसी कला की दृष्टि से सूर और तुलसी से हीन हैं, यह कहना न इन रचनाकारों के प्रति न्याय है और न कला की धारणा के प्रति ही। कबीर की रचना में कितने रंग हैं—अक्खड़ समाज-चेता का, कटूक्तिकार का, एकदम भाव-विभोर होकर आत्म-समर्पण का, गहरी रहस्य चेतना का, प्रेम के तन्मय भाव का और चरम वैराग्य का। इन सभी रंगों में उनकी कला सक्रिय है और पूरी-पूरी संश्लिष्ट—इतना वैविध्य कम रचनाकारों में मिलेगा। जाहिर है, इसीलिए फुटकर पद और दोहे लिखकर, बिना महाकाव्य लिखे वे हिंदी में महाकवि हैं। कबीर का आधुनिक मूल्यांकन करने वाले को कहीं यह प्रतीत नहीं होता कि उनमें कला-तत्त्व क्षीण है। उनकी नाराजगी या कि तन्मयता उनकी भाषा में एकबारगी समूची उपजी है। ठीक ऐसी ही स्थिति जायसी की है। यह अकारण नहीं है कि आचार्य शुक्ल तुलसी और जायसी का नाम साथ-साथ लेते हैं। तब आलोचक नामवरसिंह की उपर्युक्त मान्यता हमारे लिए बहुत संगत नहीं रह जाती, सिवा इसके कि कुछ पहले से बने विचार के खानों में इन कवियों को खेल के तौर पर बैठाला जाए।

उपर्युक्त चारों कवियों के वैशिष्ट्य को परखें तो यह जरूर दिखेगा कि इस अनुक्रम में हिंदू-मुस्लिम संघर्ष की प्रतीति उत्तरोत्तर हल्की पड़ती गई है। कबीर या उनसे पहले से चलें तो चंद से लेकर तुलसीदास तक। इसका उल्टा अनुपात कला-चेष्टा से नहीं भक्ति की सघनता से मिलेगा। जैसे-जैसे यह द्वन्द्व हल्का पड़ता गया है तैसे-तैसे भक्ति-भावना सघन होती गई है, या इसे उलट कर भी कहना संभव हैं। तो मध्यकालीन भक्ति-काव्य के उदय में इस्लाम की आक्रामक परिस्थिति का गुणात्मक

योग-दान है, इसे कई कोणों से देखा और समझा जा सकता है। और ऐसा मानने में कोई साहित्यिक, सामाजिक या कि ऐतिहासिक संकोच की बात भी नहीं जान पड़ती।

अगले अध्यायों में इन कवियों के वैशिष्ट्य के समग्र, समूचे यद्यपि कि संक्षिप्त विवेचन का यत्न होगा--'सब साँच मिले सो साँच है, ना मिलै सो झूठ'—रज्जबदास।

आलवार काव्य

''भक्ति का जो सोता दक्षिण की ओर से धीरे धीरे उत्तर भारत की ओर पहले से ही आ रहा था उसे राजनीतिक परिवर्त्तन के कारण शून्य पड़ते हुए जनता के हृदय क्षेत्र में फैलने के लिए पूरा स्थान मिला।''

—रामचंद्र शुक्ल : 'हिंदी साहित्य का इतिहास', पृ० ५४

आचार्य द्वारा हिंदी भक्ति काव्य के विकास में योग-दान की दृष्टि से 'दक्षिण की ओर से' आते भक्ति के जिस सोते को चिह्नित किया गया है, उस पर कुछ टिप्पणी यहाँ प्रासंगिक होगी। दक्षिण के इन वैष्णव भक्तों-संतों को आलवार कहा गया है, जिस का आशय सोते की लक्षणा से अनायास जुड़ा हुआ है। तमिल में 'आलवार' का अर्थ है 'प्रेमभक्ति-सागर मग्न'। तो दक्षिण की ओर से यह भक्ति-प्रवाह उत्तर की ओर आता है। आलवारों की चतु:सहस्री वाणी के चौबीस प्रबंधों को **'दिव्य प्रबंध'** शीर्षक से हिंदी भवन, शांतिनिकेतन द्वारा आठ जिल्दों में प्रकाशित किया गया है (१९८०-८९)। मूल तमिल का हिंदी अनुवाद पंडित श्रीनिवास राघवन द्वारा प्रस्तुत है। इस प्रसंग में संपादक रामसिंह तोमर का पर्यवेक्षण इस प्रकार है, ''आलवारों की वाणियों का रचना काल ईसवी सन् की पाँचवीं शती से आरंभ होता है। उत्तरी भारत की भाषाओं में भक्ति की धारा पंद्रहवीं-सोलहवीं शती में प्रवाहित हुई। इससे लगभग एक हजार वर्ष पूर्व तमिल में भक्तिकाव्य की धारा का प्रवाह आरंभ हुआ। तमिल के समृद्ध भक्ति साहित्य को ही ध्यान में रखकर कदाचित भक्ति के उद्गम के संबंध में उक्ति प्रचलित हुई—'भक्ति द्राविड़ ऊपजी या द्राविड़े अहं उत्पन्ना'।'' *('दिव्य प्रबंध' भाग-८ : आमुख)* हिंदी भक्ति काव्य के प्रसंग में आलवारों की चर्चा कई बार होती है, इस व्यापक कृतित्व की विवेचना उतनी नहीं। यहाँ इस सादृश्य-संबंध को स्पष्ट करने का कुछ यत्न होगा।

यों तमिल 'दिव्य प्रबंध' आधुनिक भारतीय भाषाओं में प्रमुखत: कृष्ण-काव्य का आदि-रूप कहा जा सकता है। कृष्ण-लीला का वैसा विस्तार तो यहाँ नहीं जैसा कि **सूरदास** या कि अष्टछाप के अन्य कवियों में मिलता है, पर कुछ लीलाओं के संकेत जरूर हैं—जैसे पूतना-वध, केशी संहार, गोवर्द्धन धारण, रास-प्रसंग आदि। कृष्ण की दांपत्य भाव से आराधना का यहाँ अपेक्षया विस्तार है। कई कवियों ने इस भूमिका में प्रवेश किया है, पर कलियन *(संत परकाल)* के काव्य की तो मुख्य चेतना यही है। अनुवादक ने यहाँ इस भूमिका की व्याख्या यों की है—''श्री परकाल पहले ऐसे थे जिनमें जीत, विषय-भोग की लालसा और स्त्री-संग की धुन थी। वे इतने देहात्माभिमानी थे कि उन्हें न आत्मा का ज्ञान था, न ईश्वर का। परमात्मा ने अपने सुंदर

रूप और कमनीय गुणों को दिखा कर उन्हें अपने वश में कर लिया...तीसरे प्रबंध तिरुनेडुन्ताण्डकम् में संत परकाल ईश्वर से भक्त रूप में बोलते हैं, विरह में माता की तरह बोलते हैं और विरहिणी प्रियतमा की तरह भी।'' (३/४) यों, दांपत्य-प्रेम की लक्षणा में बोलने का स्वभाव भारत, और भारत के बाहर भी, भक्त-कवियों का बहुत बार रहा है। तमिल आलवारों में इस भाव की सघन और विस्तृत अभिव्यक्ति हुई है। नम्मालवार *(संत शठकोप)* इस के एक अन्य प्रमुख प्रवक्ता हैं *(द्र० भाग-५)*। उत्तर भारत के 'सखी संप्रदाय' से इन आलवारों की भक्ति सहज तुलनीय है।

दांपत्य भाव की इस अनुभूति में संत शठकोप ने एक विलक्षण प्रयोग किया है। अपने को नायिका परिकल्पित करने के दौरान वे नायिका से नायक हो जाते हैं, गोपी से कृष्ण बन जाते हैं, और कृष्ण का भी कुछ ऐसा रूप वे धारण करते हैं जिस रूप में कृष्ण ने गीता में अपना विभूति-योग अर्जुन के समक्ष प्रदर्शित किया था। कवि का यह गोपी-रूप कृष्ण बन कर कहता है / कहती है—''कि दृश्यमान सारी भूमि मैं ही हूँ।' कहती है कि 'दृश्यमान सारा आकाश मैं ही हूँ'। कहती है कि 'सारी उष्ण अग्नि मैं ही हूँ'। कहती है कि *(स्पर्श से)* 'दृश्यमान यह सारा पवन मैं ही हूँ।' कहती है कि 'दृश्यमान सारा सागर मैं ही हूँ।' क्या संभव है कि दर्शनीय सागरवर्ण *(श्रीकृष्ण)* आकर इस पर आविष्ट हैं?'' और भी ''कहती है कि 'सुखमय सुंदर स्वर्ग भी मैं ही हूँ।' कहती है कि 'सुखविहीन घोर नरक भी मैं ही हूँ।' कहती है कि 'सुख से भासमान मोक्ष भी मैं ही हूँ।' कहती है कि 'विविध शरीर परिग्रह करती आत्माएँ भी मैं ही हूँ'। कहती है कि 'विचित्र कार्यजनन शक्ति से युक्त मूलप्रकृति भी मैं ही हूँ।'' (५/३०९-३१३) विभूतियोग जैसा यह प्रसंग 'तिरुवायमोलि' प्रबंध के एक पूरे दशक में फैला हुआ है, जहाँ विरह और अद्वैत का अनुपम योग है। सूर के यहाँ भी राधा-माधव का यह अद्वैत भाव कुछ ऐसे ही मार्मिक ढंग से सूरसागर के समापन खंड में उकेरा गया है—'राधा माधव, भेंट भई। राधा माधव, माधव राधा, कीट भृंग गति ह्वै जु गई। माधव राधा के रँग राँचे, राधा माधव रंग रई।' शठकोप ने विरह में संयोग को साधा है, सूर ने संयोग में विरह को, क्योंकि अब कृष्ण अकेले नहीं, साथ में भार्या रुक्मिणी हैं, जिन से राधा पहले भेंट चुकी है—'रुकमिनि राधा ऐसे भैंटी। जैसैं बहुत दिननि की बिछुरी, एक बाप की बेटी।'

दांपत्य भाव की लक्षणा के प्रसंग में यह विशेष रूप से उल्लेखनीय है कि संत परकाल *(तिरुमंगै आलवार)* ने अपने 'गुरुपाली संग्रह' में मोक्ष को परे करके *('विवेकविहीन नर मोक्ष पर श्रद्धा रखते हैं। वे भले ही रखें')* धर्म-अर्थ-काम में से काम को सर्वोपरि महत्त्व दिया है, पर उसे उन्होंने भगवत्काम के रूप में स्वीकार किया है। नायिका-रूप का वरण करके वे अपनी स्थिति स्पष्ट करते हैं, ''इन कारणों से मैंने काम को स्वीकार किया। भेद इतना ही है कि वह भगवत्काम है...यह मैं जानती हूँ कि दक्खिनी भाषा में *(अर्थात् तमिल साहित्य में)* स्त्रियों को काम परवश होकर कोई साहस कार्य करना मना है। मैं उस नियम को नहीं मानती। शाश्वत उत्तर भाषा

(अर्थात् संस्कृत साहित्य) का मार्ग मुझे अभीष्ट है।'' (८/१७१) उत्तर-दक्षिण की कवि-परंपराओं के संबंध में संत परकाल के इस पर्यवेक्षण पर आगे कुछ विस्तार में विचार करना होगा।

आलवारों के भक्ति-प्रसंग में एक स्पष्टीकरण और आवश्यक है। यह ठीक है कि यहाँ बल कृष्ण-भक्ति पर है, पर उसे वे सांप्रदायिक रूप में स्वीकार नहीं करते। अनेक स्थलों पर कृष्ण-चरित्र के साथ-साथ राम-चरित्र का गायन हुआ है। कई संदर्भ ऐसे हैं जहाँ राम और कृष्ण का संपृक्त रूप सामने आता है। संत परकाल एक स्थल पर कहते हैं, ''धनुष से जिन्होंने लंका जीत ली तथा जिन्होंने एक कुपित हाथी (कुवलयापीड) का घातक दाँत उखाड़ा, उन के अधिष्ठित कुसंगुडी पर कलियन् (संत परकाल) ने, जो कलापूर्ण (अर्थात् शास्त्र लक्षणों से युक्त) कविता करने में समर्थ हैं, नादमाला रची। उस के चिर स्थायी पदों का गान करें तो पाप टिकेंगे नहीं।'' (४/१३५) शिव और विष्णु की निकटता इस प्रकार वर्णित है—''हड्डी और व्याघ्र-चर्म पहने वे एक (रुद्र) जिन के पार्श्व में खड़े हैं ऐसे स्थान देने वाले सुशील (भगवान्) का नगर कुरुंगुड़ि है...'' (४/१३३) राम और शिव, कृष्ण और शिव की निकटता हिंदी भक्त कवियों तुलसी और सूर में भी मिलती है। कहना न होगा, आराध्य की महिमा पर बल, परंतु उस का समावेशी रूप भक्ति-काव्य की प्रकृति का अंग है।

आलवारों के कृष्ण-भक्ति-काव्य की एक परिवेशगत विशेषता है वहाँ सागरगत संदर्भों की बहुलता। ब्रज का कृष्ण-काव्य मैदानों-चरागाहों का वर्णन करता है, आलवारों के यहाँ सागर-संदर्भ और उस से जुड़े अप्रस्तुतों की बहुतायत है। स्पष्ट ही भू-सीमित मध्यदेश, और दूसरी ओर तमिल क्षेत्र का लंबा सागर-तट इस वैशिष्ट्य के पीछे है। कृष्ण का 'सागर-वर्णी' रूप तो यहाँ बहुत बार वर्णित होता है, जब कि उत्तर के कवियों का कृष्ण विषयक अप्रस्तुत विधान वहाँ की श्याम-यमुना अथवा श्याम पुष्पों-वृक्षों से लिया जाता है। हिंदी वर्णन-क्रम में सागर की विरलता आचार्य रामचंद्र शुक्ल ने 'जायसी ग्रंथावली' की भूमिका में लक्षित की है—''हिंदी के कवियों में केवल जायसी ने समुद्र का वर्णन किया है...'' *(कवि द्वारा वस्तु-वर्णन)*

'दिव्य प्रबंध' अपने पूरे विस्तार में भारतीय राष्ट्रीय-सांस्कृतिक एकता का विलक्षण साक्ष्य है। भाषा साहित्य के अंतर्गत भक्ति-काव्य की अग्रणी भूमिका में उस की व्यापक दृष्टि आश्चर्य चकित करने वाली है, और है उन अँग्रेज़ तथा अँग्रेज़ीनिष्ठ विचारकों के लिए करारा जवाब, जो मानते हैं कि भारतीय राष्ट्रीय एकता अँग्रेज़ों के शासन का फल है। संस्कृत साक्ष्यों की बात अलग, यहाँ भाषा-काव्य में लगभग ५वीं-६ठी शती से ही ये संबंध सूत्र वर्तमान हैं। परकाल के ही पहले प्रबंध 'पेरिय तिरुमोलि' के आरंभिक सात दशक भक्ति के अखिल भारतीय परिवेश का वर्णन करते हैं। दूसरे दशक के आरंभ में अनुवादक की टिप्पणी है, ''**आलवारों के प्रबंधों में हिमालय से लेकर रामेश्वर तक भारत के अनेक क्षेत्रों का उल्लेख है।** विभिन्न क्षेत्रों की यात्रा कर, वहाँ के भगवान् की मूर्ति के दर्शन कर वे प्रफुल्लित हुए।

आनंदानुभव से भगवान् के गुण-गान के रूप में उन के मुँह से पद निकलते थे। ऐसे १०९ क्षेत्र हैं जो श्री वैष्णव संप्रदाय में 'दिव्य-देश' नाम से प्रसिद्ध हैं।...इनमें संत परकाल ने ८६ दिव्य देशों की यात्रा कर वहाँ के भगवान् के मंगल-गान किए हैं। उनकी यात्रा हिमालय में पिसिदि नामक क्षेत्र से आरंभ होती है जिस का वर्णन अगले दशक में है। यह क्षेत्र आजकल नंद प्रयाग तथा जोषी मठ नाम से प्रसिद्ध है। उस के बाद के दो दशक बदरिकाश्रम के बारे में हैं।'' यों हिमालय से उतरते हुए दक्षिण में श्री वेंकट गिरि तक की तीर्थ-यात्रा प्रबंध के आठवें दशक तक पूरी होती है। बदरी के आगे फिर शालग्राम क्षेत्र, नैमिषारण्य, शिङ्ग-वेल-कुन्रम् *(भगवान् नृसिंह का पर्वत)* तथा श्री वेंकट गिरि आते हैं। उत्तर-दक्षिण का यह समन्वय भारतीय जीवन, सभ्यता और संस्कृति की आधारभूत विशेषता है। प्रसिद्ध आधुनिक इतिहासकार **रविन्दर कुमार** ने यह मान्यता ठीक ही प्रतिपादित की है कि भारत की भूराजनीतिक सत्ता को नये पश्चिमी 'राष्ट्र-राज्य' की परिकल्पना से नहीं मापा जा सकता। भारत के संदर्भ में इसीलिए उन का मानना है कि यह 'राष्ट्र-राज्य' नहीं, 'सभ्यता-राज्य' है *(द्र० 'इंडिया : ए नेशन स्टेट ऑर ए सिविलिज़ेशन स्टेट?' : रविन्दर कुमार; कैपारो व्याख्यान-१९८९ : नेहरू संग्रहालय-पुस्तकालय, नयी दिल्ली से जारी प्रपत्र)*। यों भारत राष्ट्र की सीमाएँ किसी सम्राट् के अश्वमेध, सुल्तान या वायसराय की विजय-यात्रा से नहीं बनी हैं। यह मानचित्र बना है इस देश की सभ्यता और संस्कृति से, जो इतिहास के काल-विशेष में पूर्वी द्वीपों में भी फैलीं, जिन्हें स्नेह का नाम मिला 'बृहत्तर भारत'। कहना न होगा, इस भारत और बृहत्तर भारत के रूप-निर्धारण में इन आलवार-संतों तथा अन्य क्षेत्रों के भक्ति-काव्य का विशिष्ट योग-दान है। ये संत कवि भी थे और तीर्थ-यात्री भी, इसीलिए धर्म, संस्कृति और सभ्यता का प्रसार इनके साथ आप से आप होता गया। अपनी लघुपाली *(लघु पत्रिका : शिरिय तिरुमडल)* तथा गुरुपाली में परकाल उत्तर भारत के अनेक पौराणिक ऐतिहासिक संदर्भों का उल्लेख करते हैं। लघुपाली के अंतिम छंदों में वत्सराज के लिए वासवदत्ता के प्रेम का प्रशंसापूर्वक संदर्भ दिया गया है, और आगे तो दक्षिण-उत्तर के अनके तीर्थ-स्थानों की सूची है मंगलमय श्री वेंकट से आरंभ होकर जो 'भूगतजन संस्तुत बदरी, उत्तर मथुरा ऐसे ही अन्य भगवत्क्षेत्रों' तक जाती है।

परकाल की भक्ति, जैसा संकेत किया गया, अधिकतर नायिका-भाव में प्रतिष्ठित है, जैसे हिंदी के भक्तिकाल और रीतिकाल एक दूसरे में घुल-मिल गए हों। प्रणय-प्रसंगों के चित्रण में कवि ने, उत्तर और दक्षिण भारत की दो विशिष्ट प्रेम-परंपराओं का वर्णन करते हुए, अपना पक्षपात उत्तर के लिए प्रकट किया है; यह पहले कहा जा चुका है। परकाल को लगता है कि अपने आराध्य को पाने के लिए दक्षिण के बजाय उत्तर की शैली अधिक कारगर होगी। वे कहते हैं, ''हंसगमना और हरिणाक्षी कामिनियाँ पुरुषों के प्रति प्राणधारक पालीयान कार्य में प्रवृत्त नहीं होतीं। प्रवृत्त हुईं तो लोकनिंदा की पात्र बन जाती हैं—ये वचन भी हमने दक्खिनी (तमिल) साहित्य में

सुन रखा है। परंतु हम उसे ठीक नहीं मानतीं। हम शाश्वत उत्तरीय मार्ग का ही आदर करती हैं।'' *[उत्तरीय मार्ग-संस्कृत साहित्य की विधि अथवा नियम। तमिल साहित्यकारों ने प्रेम के संबंध में यह नियम बना रखा है कि कामिनियों का प्रेम कितना भी अधिक क्यों न हो उन्हें उसे स्वयं प्रकट नहीं करना चाहिए...संस्कृत साहित्य में ऐसा नियम नहीं। सीता, पार्वती आदि नायिकाओं के अनुष्ठान से यह सिद्ध होता है कि कामिनियाँ भी कामी के समान प्रेम प्रकट कर सकती हैं। यहाँ परकाल नायिका की घोषणा है कि प्रेम साम्राज्य में किसी प्रकार का नियंत्रण नहीं हो सकता और वह संस्कृत साहित्य के सिद्धांत के अनुसार स्वेच्छा से चलेगी।]* यहाँ कवि अपने वर्णन में तमिल के अनुशासन के ऊपर संस्कृत की स्वच्छंदता को वरीयता देता है। इस प्रसंग में वह संस्कृत परंपरा में प्रेम मुग्धा पाँच नायिकाओं के आचरण का उदाहरण भी प्रस्तुत करता है—ये हैं वैदेही, सुभद्रा, उलूपी, उषा और उमा। इन सभी के प्रेम प्रसंगों का स्पष्टीकरण करने के बाद अंत में कवि कहता है, ''विस्तार से कहूँ तो महाभारत-कथा ही हो जाएगी।'' (८/१४७-१५३) इसी क्रम में अपने बहुरूपी आराध्य का रूप-विस्तार बताते-बताते कवि कहता है, ''जो पुल्लाणि (क्षेत्र) में अवस्थित दक्खिनी मधुर तमिल भाषा है। जो उत्तर भाषा है (अर्थात् संस्कृत है।)'' (८/१६३) यों संत परकाल उत्तर-दक्षिण, तमिल-संस्कृत सब कुछ का पर्यवसान कृष्ण में मानते हैं। भारतीय राष्ट्रीयता का इससे बड़ा साक्ष्य कवि के यहाँ और क्या हो सकता है!

यहाँ उल्लेख करना प्रासंगिक होगा कि आलवार कवियों ने अपने पदों की भाषा का नाम बार-बार **तमिल** बताया है। अनेक काव्य-दशकों के अंत में कवि अपनी भाषा को तमिल कहना नहीं भूलता। यह कुछ वैसा है, जैसा कि उत्तर के कवि संस्कृत से पार्थक्य दिखानें के लिए अपनी काव्यभाषा को 'भाखा' बताते हैं। पर कबीर-तुलसी आदि कवियों की तुलना में आलवारों का भाषा-उल्लेख कहीं अधिक है। इस से तमिल रचनाकार का आत्मविश्वास ही प्रकट होता है।

आलवारों के यहाँ भक्ति-काव्य की कुछ सामान्य प्रवृत्तियाँ यों परिलक्षित की जा सकती हैं। एक महत्त्वपूर्ण उपपत्ति, विशेषत: भावावेश की मन:स्थिति में, है कि भक्त की महिमा भगवान् जैसी है, या उस से कुछ अधिक ही। संत भक्तिसार का मानना है, ''बहुमानित होकर परमधाम का शासन करने के योग्य वे हैं जो श्री वेंकटेश्वर के चरण में विविध पुष्प यथाविधि समर्पित करते हैं। उन से भी उत्कर्ष के साथ जीवन बिताने वाले वे हैं जो भगवान् की मति देख कर *(अर्थात् उसकी इच्छा के अनुसार)* भगवान् की सेवा करते भागवतों के सप्रीति दास होकर रहते हैं।'' (७/२०५) स्वयं कृष्ण की महिमा का बखान तो जैसे 'दिव्य प्रबंध' की मुख्य वस्तु है। भक्तिसार के शब्दों में, ''(पुराण, इतिहास आदि) कथाओं का अर्थ कान्ह के उदर में है।'' (७/१७५), ''मैं चलचित्त नहीं। रुद्र का भी मैं सामना करूँगा। वह मेरे तुल्य नहीं। ध्वनित नूपुर भूषित चरण से युक्त राजा श्रीकृष्ण की प्रतिदिन वंदना करने की वांछा मैं ने की और वही मेरी प्रवृत्ति बनी।'' (७/२०१), ''जो दूरस्थ है और समीपस्थ, जो अणु है और बहुत महान्,

जो गोपाल है और द्वारकाधीश होकर अवस्थित मायी...।'' (७/१९५) **भक्तिसार द्वारा** कृष्ण की विराटता का वर्णन जैसे उस कथन का स्मरण करा देता है, जिस के अनुसार समस्त विरुद्धों का आश्रय ब्रह्म है। एक स्थल पर संत समस्त कृष्ण-लीला का संक्षेप एक पद में कर देते हैं—''चरण से शकट ध्वस्त करके, (कालिय) सर्प नचा कर, (कुवलयापीड़) हाथी को पकड़ कर (उस का दाँत) तोड़कर, पिशाचिनी का स्तन पी कर, तथा फिर विद्रुमाधर सुंदरभुजा नाप्पिन्ने के लिए बलिष्ठ वृषभों के ककुत् को मर्दन करके जो सर्वेश्वर बना वही हमारा लक्ष्य है।'' (७/१७५) इस श्रीकृष्ण लीला में मग्न कवि का संकल्प है—''(अपनी) जिह्वा से किसी मानुष (के गुणों) का गान नहीं करूँगा।'' (७/१९७) कई शती बाद इसी भंगिमा में **तुलसी** कहते हैं—कीन्हें प्राकृत जन गुन गाना। सिर धुनि गिरा लगति पछिताना।

प्रभु-लीला के साथ भक्तों की वैसी ही आसक्ति नाम-स्मरण में है। संत शठकोप का कहना है—''ऐ मेरे हृदय! विचार कर के देखें तो क्या क्षण भर के लिए भी निश्चिंत रहने का समय है? गोपी (यशोदा) के दंड देने के प्रकारों को कह कर उपहास करने से ही क्यों न हो मधुर तुलसीधर मायी (श्रीकृष्ण) संबंधी वचन बोल कर अपने दोष दूर करो।'' (८/९७) इसीलिए उनका यह भी मानना है कि भक्त-हृदय की महिमा वैकुंठ से बढ़ कर है—''वैकुंठ नाम से प्रसिद्ध जो परमधाम तुम उन्हें प्रदान करते हो क्या वह उन्हें अपने चित्त से बढ़ कर प्रियतर है जो (चित्त) तुम्हारे गुणों में रमता रहता है?'' (८/१०३)

कुल मिला कर भक्ति-काव्य में प्रचलित संदर्भ और अभिप्राय आलवारों की रचना में पहले से चले आते हैं। इनमें से कुछ का स्रोत संस्कृत वाङ्मय होगा तो कुछ ठेठ तमिल परंपरा के हो सकते हैं, जैसे सागर-संबंधी अभिप्राय और अप्रस्तुत विधान जो मध्यदेश के भूमिबंध में सहज नहीं बनते। अनेक स्थलों पर नये ढंग की काव्य-उद्भावना देखने को मिलती है। भक्तिसार उत्प्रेक्षा करते हैं कि '(वेंकट गिरि पर संचरित) हाथी पूर्णचंद्र को देख कर इच्छा करता है कि मैं इस पूर्णचंद्र को सर्वेश्वर की सेवा में रत्नदीप के समान रखूँगा और (उसे पकड़ने के लिए) सूँड़ ऊपर उठाता रहता है।' (७/१८३) तुलसी के पाठक को अनायास वह उत्प्रेक्षा-माला याद आ सकती है जो लंकाकांड में चंद्रमा में कलंक की व्याख्या के प्रसंग में राम के कई सहयोगी और अनुचर कल्पित करते हैं। सूर्यास्त के वर्णन में ऐसा ही एक विलक्षण अप्रस्तुत विधान संत शठकोप के 'तिरु विरुत्तम' में आता है, ''(संध्याकाल के दर्शन से व्यथित नायिका का कथन) लोकमापक माणिक्य! (अर्थात् माणिक्य सम दुर्लभ!) मेरे मरकत! निरुपम उत्तम स्वर्ण! माणिक्य को लेकर काले वानर पर फेंकने के समान उत्तम कांचन से उपमित ज्योतिर्मय सूर्य अंधकार से टकरा कर जब अस्त हो गया उस संध्याकाल में मुझ दासी की अनन्यार्ह आत्मा की तुम ही शरण हो।'' (८/६१)

तमिल आलवार काव्य में—जो आधुनिक भारतीय भाषाओं का पहला भक्ति-काव्य है—विषय और भाषा दोनों ने एक-दूसरे को समृद्ध किया है, एक दावा जो फिर बाद में ब्रजभाषा भक्ति-काव्य के लिए किया जा सकता है।

"कबीर-जायसी-सूर-तुलसी-मीराँ इस युग के श्रेष्ठ कवि हैं, यह मान्यता सर्वस्वीकृत है। इस का निहितार्थ है कि यहाँ हिंदू-मुसलमान, ब्राह्मण-दलित, पुरुष-स्त्री—समाज के सभी वर्गों का यह साझा रचना-कर्म है, भले वे वर्ग सामान्य तौर पर समाज में अपना अलगाव बनाए रखते हों। यों हिंदी जीवन की व्यापक समरसता का अन्यतम प्रमाण है हिंदी भक्ति-काव्य!"

(आमुख)

२

कबीर : पुनर्विचार का समय

कबीर का व्यवस्थित अध्ययन आरंभ हुए सौ वर्ष से अधिक हो रहे हैं। इस प्रसंग की अच्छी समीक्षा रामेश्वर मिश्र ने अपने निबंध **'कबीर के मूल्यांकन में शांतिनिकेतन का योगदान'** *('कबीर अनुशीलन' : श्री बड़ाबाजार कुमारसभा पुस्तकालय, कलकत्ता-२००० ई०)* में की है। शांतिनिकेतन परिसर पर अध्ययन की पृष्ठभूमि का भी उन्होंने सर्वेक्षण प्रस्तुत किया है। यह समूचा क्रम कुछ यों बनता है—१८८० ई० के आसपास प्रकाशित पंडित रामकुमार विद्यारत्न का बंगला में लिखित 'कबिरेर संक्षिप्त जीवन चरित', गुजरात के एक आयरिश चर्च में पास्टर पंडित वालजी भाई का गुजराती में लिखित 'कबीर चरित्र' (१८८१), मुंगेर के रेवरेंड प्रेमचंद का 'बीजक' (१८९०), बिशप वैस्टकट का 'कबीर एंड द कबीरपंथ' (१९०७), आचार्य क्षितिमोहन सेन का 'कबीर' (१९१०), रवीन्द्रनाथ का प्रसिद्ध अनुवाद 'वन हंड्रेड पोयम्स ऑफ कबीर' (१९१४), अयोध्या सिंह उपाध्याय की 'कबीर वचनावली' (१९१६), रेवरेंड अहमद शाह का 'द बीजक ऑफ़ कबीर' (१९१७), रेवरेंड एफ० ई० के का 'कबीर एंड हिज़ फॉलोअर्स' (१९३१)। इस संक्षिप्त-सी सूची से प्रकट होता है कि बँगला तथा हिंदी लेखकों के अध्ययन ईसाई मिशनरियों के कबीर विषयक कार्य के गहरे दबाव के बीच हुए हैं। आचार्य क्षितिमोहन सेन के अध्ययन और रवीन्द्रनाथ के अनुवाद के बीच काल-क्रम और परिसर दोनों का संबंध भी द्रष्टव्य है। इस लंबी पृष्ठभूमि के बाद हिंदी का अपना प्रसिद्ध अध्ययन आता है : हजारीप्रसाद द्विवेदी का 'कबीर' (१९४२)। कहना न होगा, क्षितिमोहन सेन तथा रवीन्द्रनाथ के कार्य की यह अगली कड़ी है। इस दृष्टि से रामेश्वर मिश्र ने कबीर-अध्ययन में 'शांतिनिकेतन की भूमिका' को सही रेखांकित किया है।

यों इस शताधिक वर्ष पुराने अध्ययन-क्रम पर कुछ पुनर्विचार अपेक्षित है। इस अपेक्षा के पीछे महज़ काल-प्रवाह नहीं, कुछ अन्य ऐतिहासिक तथा वैदुषिक कारण भी लक्षित किए जा सकते हैं। कहना न होगा, शांतिनिकेतन परिसर पर प्रवर्तित अध्ययन पर सर्वाधिक प्रभाव रवीन्द्रनाथ के अपने कवि-व्यक्तित्व, उनके कबीर-अनुवाद, और इस अनुवाद के आस-पास ही १९१३ में उन्हें मिले नोबुल पुरस्कार का है। अनुवाद में सहायक रहीं ऐवेलिन अंडरहिल, जिनकी विशेष रुचि रहस्यवाद और संत-काव्य में थी। कबीर के सौ पदों का यह अँग्रेज़ी अनुवाद 'वन हंड्रेड पोएम्स ऑफ़ कबीर' १९१४ में प्रकाशित होता है। इस.के पूर्व एज़रा पाउंड द्वारा दस पदों का अनुवाद

प्रसिद्ध पत्रिका 'द मॉडर्न रिव्यू' के जून, १९१३ अंक में छप चुका था, जहाँ उन के सहयोगी कालीमोहन घोष थे। १९१३, जैसा कहा गया, रवीन्द्रनाथ के नोबुल पुरस्कार का भी वर्ष है। एक रोचक तथ्य यह है कि रवीन्द्रनाथ ने अपने अनुवाद की भूमिका में अपना नाम नहीं दिया है। वहाँ सिर्फ़ उनकी सहयोगी एवेलिन अंडरहिल का नाम है।

यहाँ भारतीय साहित्य के प्रति अँग्रेज़ी वैदुष्य का दृष्टिकोण क्या-कैसा रहा है, इसे समझने के लिए कुछ संकेत उपयोगी होगा। ब्रिटिश विद्वत्ता-परंपरा में हिंदू धर्म और भारतीय साहित्य के प्रति कभी प्रच्छन्न और कभी प्रकट विरोध-विद्वेष भाव प्राय: रहा है, जबकि रचना-परंपरा में अधिकतर एक बुनियादी सहानुभूमि का भाव है। इल्म और इश्क की दुनिया कुछ अलग-अलग हो तो यह बात समझ में आती है। कुछ ऐसी ही दुविधा कवि-मन में रही होगी जिसके कारण रवीन्द्रनाथ अपने ही काव्यानुवाद की वैदुष्यपूर्ण भूमिका में अपने को भागीदार नहीं बनाते। यों कबीर के संबंध में यह द्वैत भाव बड़े रोचक ढंग से उभरता है। रवीन्द्रनाथ टैगोर के साथ-साथ मध्यकालीन रहस्य-भावना, विशेषत: कबीर, को लेकर अँग्रेज़ी साहित्य जगत में रुचि एकबारगी बढ़ी थी। पाउंड और टैगोर के अनुवादों का उल्लेख ऊपर हो चुका है। पाउंड आधुनिक अँग्रेज़ी के सबसे बड़े कवि टी० एस० एलियट के गुरु स्थानीय रहे हैं, जिनके 'द वेस्ट लैंड' (१९२२) में आरंभ से अंत तक उपनिषद् और बौद्ध चिंतन-धारा अनुस्यूत रही है। 'पतंजलि-योग' में कवि की गहरी रुचि थी, इसके प्रमाण उनके पत्रों में द्रष्टव्य हैं। ऐसे अनेक संदर्भ कवि येट्स, वॉल्ट ह्विटमैन, और कथाकार सोमरसेट मॉम की रचनाओं में मिलेंगे। यों भारतीय संस्कृति की श्रेष्ठ उपलब्धियाँ आधुनिक अँग्रेज़ी साहित्य, विशेषत: कविता-रचना में कैसी भूमिका निभा रही थीं, यह देखने की बात है। अँग्रेज़ी कविता के भारतीय भाषाओं पर प्रभाव को तो दर्जनों ग्रंथों में शोध का विषय बनाया गया है, पर हिंदी तथा अन्य भारतीय भाषाओं की आधुनिक यूरोपीय पुनर्जागरण में भूमिका अभी बहुत-कुछ विस्मृत पड़ी है। 'प्राच्य-पुनर्जागरण' के आरंभिक काल पर, संस्कृत को संदर्भ बनाते हुए, कुछ काम हुआ है एक फ्रेंच विद्वान रेमंड श्वाब द्वारा 'द ओरिएंटेल रिनेसाँ'—मूल १९५०; आधुनिक काल में एलियट के काव्य पर भी इस दृष्टि से कुछ अध्ययन हुआ है, पर यहाँ भारतीय विद्वानों का योग-दान नगण्य है। जहाँ तक कबीर का संदर्भ भारतीय परिदृश्य पर है, स्वयं रवीन्द्रनाथ की 'गीतांजलि' पर कबीर के प्रभाव का दस्तावेज़ी साक्ष्य 'गीतांजलि' पांडुलिपि से रामेश्वर मिश्र ने एक दशक पूर्व प्रस्तुत किया था *('मध्ययुगीन हिंदी संत साहित्य और रवीन्द्रनाथ' : १९८९ ई०)*, जिसका विस्तृत विवेचन-परीक्षण अभी शेष है। यहाँ शोधकर्त्ता ने, चित्रों के साथ, दिखाया है कि मूल बँगला 'गीतांजलि' के गीत जिस कापी में रवीन्द्रनाथ ने लिखे हैं, वहाँ उन्हीं पृष्ठों पर कवि ने अपनी ही हस्तलिपि में कबीर तथा कुछ अन्य हिंदी कवियों के दोहे लिख रक्खे हैं।

रवीन्द्रनाथ के कबीर-अनुवाद में जैसा कहा गया, भूमिका कवि ने नहीं लिखी, अँग्रेज़ सहयोगी एवेलिन अंडरहिल ने लिखी है, अपने सामान्य पूर्वग्रहों के साथ।

भूमिका का सारांश यह है कि कबीर का जन्म निश्चय ही एक मुसलमान परिवार में हुआ, उनके काव्य-संस्कार बनने में सूफी संप्रदाय का बड़ा योग-दान रहा, और हिंदू धर्म की तो उन्होंने बराबर आलोचना ही की। यानी सारांश का सारांश यह कि कबीर के काव्य-सृजन में हिंदू परंपरा का कोई रचनात्मक योग-दान नहीं। कहना न होगा, 'पोएम्स ऑफ़ कबीर' की यह भूमिका, रवीन्द्रनाथ द्वारा लिखित तो नहीं पर किसी कदर अनुमोदित, अँग्रेज़ी और हिंदी में कबीर अध्येताओं के लिए अधिकतर मार्गदर्शक रही है। हिंदी शोधकर्त्ताओं ने जहाँ कुछ नये तथ्य और पाठ प्रकाशित किए हैं उनकी अनदेखी ही हुई है। यहाँ पहले इस भूमिका की मुख्य मान्यताओं का विवेचन प्रासंगिक होगा।

सूफी प्रभाव की बात पहले। आलोचना जगत में यह सुविदित है कि सूफ़ी परंपरा प्रेमास्पद को परम तत्त्व के रूप में देखती है और साधक को प्रेमी रूप में। मलिक मोहम्मद जायसी की प्रसिद्ध कृति 'पदमावत' में पद्मावती परम तत्त्व का रूप है, और रत्नसेन पहले प्रेमी, फिर पति का। भारतीय परंपरा इसके विपरीत है—यहाँ आत्मा यानी कि साधक अपने को पत्नी-प्रेमिका रूप में देखता है, परमात्मा पति-रूप है। कबीर इस भारतीय प्रतीक-विधान को ही अपनाते हैं—'हरि मोरा पिउ मैं हरि की बहुरिया' या कि 'दुलहिनी गावहु मंगलचार। हम घरि आए राजा राम भरतार।' कोई भी रचनाकार अपने लिए वैचारिक पोषण विविध सांस्कृतिक-दार्शनिक परंपराओं से लेता है; यह उस की व्यापक दृष्टि का कारण और प्रमाण दोनों है। पर मुख्य बात तो उस के रचना-विधान की है, जहाँ यह समझना होता है कि उस की अपनी रचना-युक्तियाँ क्या हैं? कबीर की रचना-युक्ति यहाँ स्पष्ट ही भारतीय परंपरा के अनुकूल है, न कि सूफ़ी परंपरा के। फिर, उक्त आलोचना-सरणि में यह बात भी भुला दी जाती है कि सूफ़ी विचार-परंपरा स्वयं भारतीय अद्वैत दर्शन की कितनी ऋणी है। यहाँ रामविलास शर्मा का रेखांकन बहुत स्पष्ट है—"भक्ति और उसका प्रेमतत्त्व कबीर ने रामानंद से प्राप्त किया है।" *('भारतीय संस्कृति और हिंदी प्रदेश' : खंड २/९८१)*

कबीर हिंदू भक्ति परंपरा में कितने डूबे हैं, इस का कुछ पता उन के पौराणिक चरित्रों के स्मरण से लग जाता है। जगह-जगह वे प्रभु से अपने उद्धार का अनुरोध करते हैं, और तब ठीक सूर-तुलसी की तरह ही प्रह्लाद, सुदामा, अजामिल, गज एवं गणिका जैसी लोक-प्रचलित उद्धार-कथाओं की याद दिलाते हैं। 'राम' पद की कितनी आवृत्तियाँ हैं कबीर में, इस की गणना न भी की जाए तो भी इतना दावा किया जा सकता है कि कबीर के बराबर का उतना ही कोई पाठ तुलसी में कहीं से उठा लिया जाए, और दोनों की तुलना हो तो शायद कबीर में राम की आवृत्तियाँ तुलसी से कुछ अधिक ही होंगी। इस प्रसंग में कबीर की प्रसिद्ध उक्ति है—'राम नाम का मरम है आना।' ठीक इसी मुद्रा में आगे चलकर सूर-तुलसी निर्गुण-सगुण का झगड़ा निबेटते हैं। 'सूरसागर' के आमुख में ही जैसे स्पष्ट कर दिया गया है—'रूप रेख गुन जाति जुगुति बिनु निरालंब मन धावै / सब बिधि अगम बिचारहिं तातैं सूर सगुन पद गावै।'

अर्थात् सूर समझते हैं कि तत्त्वतः ब्रह्म का स्वरूप निर्गुण है, पर श्रोता-पाठक की सुविधा के लिए वे सगुण लीला का गान कर रहे हैं। तुलसी की युक्ति और सूझ-बूझ की है—वे निर्गुण-सगुण में 'नहिं कछु भेदा' कहते हुए बीच में राम नाम की मध्यस्थता रख देते हैं। कबीर में 'राम नाम का मरम है आना' ठीक यही बात है। यों हिंदू भक्ति परंपरा से कबीर रचनात्मक रूप से सीधे जुड़े हुए हैं।

कबीर जन्म से हिंदू थे या मुसलमान, यह महत्त्वपूर्ण नहीं है, महत्त्वपूर्ण यह भी नहीं कि वे किस धर्म में मरे। अनेक मुसलमानों का योगदान हिंदी साहित्य के विकास में है, जैसे कि अनेक हिंदुओं का योगदान उर्दू साहित्य में है। भाषा-साहित्य का किसी धर्म विशेष से अनिवार्य संबंध नहीं होता, संस्कृति से होता है, जिसे धर्म का **सत (सत्त** गिलोय) कह सकते हैं। बहुत-कुछ होम्योपैथी सिद्धांत के अनुसार, संस्कृति के घोल में धर्म का तत्त्व जितना हल्का होता जाएगा, संस्कृति की प्रभविष्णुता की मात्रा उतनी बढ़ती जाएगी। एक स्थिति में संस्कृति धर्म से प्रबलतर हो जाती है। दो उदाहरण हमारे सामने हैं। संस्कृति के अलगाव के कारण बाँग्ला देश मुक्ति-युद्ध लड़ कर समधर्मी पाकिस्तान से अलग हो गया। दूसरी ओर इस्लाम में दीक्षित हो जाने पर भी इंडोनेशिया अपने पुराने हिंदू संस्कृति के प्रभावों को पूरे सम्मान के साथ बनाए हुए है। पुरुष-स्त्री नामों से लेकर रामायण-कथा के विविध रूप और चरित्र उन के जन-जीवन में समाए हुए हैं। प्रसिद्ध भाषावैज्ञानिक तथा चिंतक धीरेन्द्र वर्मा ने भाषा और धर्म के प्रसंग में एकदम ठीक सावधान किया है, "हिंदी के संबंध में एक भ्रम के निवारण की नितांत आवश्यकता है। वह यह कि हिंदी हिंदुओं की भाषा न होकर हिंदियों की भाषा है।" *(हिंदी साहित्य सम्मेलन के सत्ताइसवें अधिवेशन, शिमला के साहित्य परिषद् : १९३८ के अध्यक्ष पद से दिया गया अभिभाषण)* इस दृष्टि से महत्त्वपूर्ण यह है कि धार्मिक रूढ़ियों का जहाँ कबीर ने सर्वत्र जमकर खंडन किया, वहीं सूक्ष्म धर्म-चेतना उन में बराबर अंतर्व्याप्त रही। आत्मालोचन की बड़ी प्रखर परंपरा हिंदू मानस की विशेषता है, कबीर जिसका श्रेष्ठतम रूप में प्रतिनिधित्व करते हैं। इसीलिए कबीर को लाड़ने-पुचकारने के बावजूद किसी अन्य साहित्य या संस्कृति-परंपरा में यह साहस नहीं होता कि उन्हें हथियाने की कुछ भी कोशिश करे। कबीर का होना सिर्फ़ हिंदू परंपरा में ही संभव है।

तब हिंदू निष्ठा एक ओर, और धर्मान्तरण का विरोध दूसरी ओर, दोनों कबीर के निम्नलिखित पद में अत्यंत प्रखर रूप में द्रष्टव्य है। पूरा पद इस प्रकार है—

काजी, तैं कवन कतेब बखांनीं।
पढ़त-पढ़त केते दिन बीते गति एकौ नहीं जांनीं॥
सकतिसनेह पकरि, करि सूनति मैं न बदउंगा भाई।
जौ रे खुदाइ तुरुक मोहिं करता तौ आपहिं कटि किन जाई॥
सुनत कराई तुरुक जौ होनाँ तौ औरति कौं का कहिए।
अरध सरीरी नारि न छूटै तातैं हिंदू रहिए॥

हिंदू तुरुक कहाँ तैं आए किन एह राह चलाई।
दिल महिं खोजि देखि खोजा दे भिस्ति कहाँ तैं आई॥
छाँड़ि कतेब राम भजु बउरे जुलुम करत है भारी।
कबीर पकरी टेक रांम की तुरुक रहे पचि हारी॥

(कबीर ग्रंथावली : सं० पारसनाथ तिवारी : १९६१, पद संख्या १७८)

यह पद अन्य सभी प्रमुख कबीर-पाठों में सुलभ है—जैसे, गुरुग्रंथसाहब, श्यामसुंदरदास, रामकुमार वर्मा, माताप्रसाद गुप्त तथा ठाकुर जयदेवसिंह—वासुदेवसिंह द्वारा प्रस्तुत पाठ। कबीर जिस सहज भाव से यहाँ काज़ी को राम भजन की सलाह देते हैं, और जिस मज़बूती से राम-नाम की टेक पकड़े हुए हैं वैसी निर्भीक निष्ठा तुलसी को भी कुछ पीछे छोड़ देती है। इस पद के संदर्भ में, कबीर को जन्मतः मुसलमान माननेवाले विद्वानों को इस अंतस्साक्ष्य पर विचार करना होगा—'जौ रे खुदाइ तुरुक मोहिं करता।' कबीर मुसलमान पैदा हुए होते तो यह क्यों कहते—यदि खुदा ने मुझे तुर्क बनाया होता तो...। फिर पद के उत्तरार्द्ध में कबीर धर्मान्तरण पर तीखा व्यंग्य करते हुए कहते हैं—'सुनत कराइ तुरुक जौ होनाँ...', और अंत में निष्कर्ष देते हैं—'कबीर पकरी टेक रांम की तुरुक रहे पचि हारी।'

पुनर्विचार की अपेक्षा इन कई संदर्भों में से उभरती है। राजनैतिक दासता और उपनिवेशवाद से मुक्त हुए हमें आधी सदी हो गई, पर वैचारिक और वैदुषिक उपनिवेशवाद से मुक्त होना अभी शेष है। उपनिवेशवाद के इस अपेक्षया सूक्ष्म रूप की मुख्य पहचान है कि देसी धर्म, रीति-रिवाज़, भाषाएँ, संस्कार पिछड़े लगने लगते हैं, शासकों के धर्म, रीति-रिवाज़, भाषाएँ, संस्कार अच्छे जान पड़ते हैं। उन्नति के उपकरण फ़ारस या इंग्लैंड से आए लगते हैं, स्वदेश भारत महज़ अंधविश्वासों का देश रह जाता है। उपनिवेशवादी मानसिकता का असली और गहरा रूप यही है, जिस ने अन्य वैदुषिक क्षेत्रों के अतिरिक्त कबीर-अध्ययन के स्वाधीन रूप में बाधाएँ खड़ी की हैं। अपने समय में विदेशी सांस्कृतिक आधिपत्य का प्रतिवाद गोस्वामी तुलसीदास ने कैसे किया, इसका सशक्त आख्यान है निराला का काव्य 'तुलसीदास', जिसे हिंदी जाति का एक महत्त्वपूर्ण रचनात्मक दस्तावेज़ कहा जा सकता है। उस दासता, और इस स्वातंत्र्य को पहिचान कर अपनी विरासत का मूल्यांकन करने का अब समय है। स्पष्ट ही इस मूल्यांकन का आधार बहुत कुछ वैसा ही रखना होगा जैसा कालिदास ने पुराने और नये के बीच का विवेक प्रस्तावित किया था। कबीर और सूफ़ी प्रभाव, तथा कबीर और हिंदू परंपरा के पक्षों को ऐसे निर्मल विवेक से ही व्याख्यायित किया जा सकता है।

कबीर पर पुनर्विचार का एक अन्य कारण भी है। कबीर को हिंदी आलोचना के केन्द्र में लाने का श्रेय हजारीप्रसाद द्विवेदी को है, जन-मन में तो वे अपने से थे! पर जिस पाठ के सहारे आचार्य द्विवेदी ने अपनी कबीर-आलोचना को विकसित किया, वह पूरी तरह संदिग्ध है। यह पाठ, जैसा स्वयं उन्होंने अपने ग्रंथ 'कबीर' के परिशिष्ट

में स्पष्ट किया है, आचार्य क्षितिमोहन सेन के स्रोत से आया है। क्षिति बाबू ने यह पाठ साधुओं की चिलमों के बीच उनके मुँह से सुनकर तैयार किया था। यह वही पाठ है जिसके आधार पर रवीन्द्रनाथ ठाकुर ने कबीर के सौ पदों का अनुवाद किया था। स्पष्ट ही इस पाठ पर स्वयं रवीन्द्रनाथ का, और उनके नोबुल सम्मान का प्रभा-मंडल छाया रहा। बीसवीं शताब्दी के आरंभिक दशकों में जब कोई प्रामाणिक पाठ सुलभ नहीं थे तो क्षिति बाबू के पाठ का कोई विकल्प यों भी नहीं था। फलत: कबीर संबंधी हिंदी आलोचना अधिकतर शांतिनिकेतन के सहारे चलती रही, और इसके लिए हमें क्षिति बाबू तथा अन्य विद्वानों का आभार मानना चाहिए। पर, इस बीच हिंदी के कई मान्य पाठ-विज्ञानियों तथा संत-साहित्य के विद्वानों ने कबीर के पाठ तैयार किए हैं, और इस विषय का काफ़ी मंथन हुआ है। तब ज़रूरी है कि कबीर संबंधी विवेचन-मूल्यांकन अधिकतम शुद्ध पाठ के आधार पर हो। यदि हिंदी आलोचना ऐसा नहीं करती तो एक ओर कबीर के प्रति अन्याय होता है, और दूसरी ओर उन कबीर विद्वानों के प्रति जिन्होंने बड़े परिश्रम और मनोयोग के साथ ये पाठ तैयार किए हैं। रवीन्द्रनाथ का अनुवाद इस पाठ-समस्या से बहुत दूरतक भले प्रभावित न हो, इस अर्थ में कि वह तो अपनी प्रकृति में बहुत-कुछ अनुवाद नहीं, रचनानुवाद-ट्रांसक्रिएशन-है। समस्या आलोचक के लिए है, जिसे मूल पाठ के आधार पर व्याख्या-विवेचन में प्रवृत्त होना है। प्रदूषण से बचाव गंगा-यमुना का ही नहीं, सरस्वती का भी होना है। अशुद्ध पाठ को छानना-बीनना इस प्रदूषण से बचाव का एक कारगर उपाय है।

क्षेपक एक प्रकार से मूल रचनाकार की विलोम जारज संतान हैं। विलोम इसलिए कि सामान्यत: रचनाकार पाठक में रचनाधान करता है, यहाँ उल्टे पाठक रचनाकार में अपना रचनाधान करता है। अब समय आ गया है यह देखने का कि कबीर के जो पद हम पढ़ते या गाते आ रहे हैं उस में कितना अंश कबीर का है और कितना उन के प्रशंसकों का। हम प्रशंसकों के आत्म-विलीनीकरण का सम्मान करते हैं, पर उसे कबीर-पाठ मान लेना रचनाकार के प्रति अन्याय होगा। इस साहित्यिक अन्याय का निराकरण आवश्यक है। तब विलोम जारज पाठों से बचना होगा। मैंने स्वयं अपने अध्ययन 'मध्यकालीन हिंदी काव्यभाषा' (१९७४) के समय से डॉ० पारसनाथ तिवारी के पाठ का प्रयोग किया है—'कबीर ग्रंथावली' : हिंदी परिषद् प्रकाशन, इलाहाबाद विश्वविद्यालय, १९६१। प्रस्तुत आलेख में दिए हुए उद्धरण इसी पाठ के हैं, और तदनुसार पद-साखी संख्या का यथावश्यक निर्देश है।

प्रसन्नता की बात है कि हिंदी आलोचना के क्षेत्र में इस विशिष्ट समस्या के प्रति सावधानी आई है। प्रसिद्ध आलोचक नंदकिशोर नवल ने अपने आलोचना-त्रैमासिक 'कसौटी' (जनवरी-मार्च, २०००) के मुख्य संपादकीय में 'कबीर की वाणी : एक निजी पाठ' शीर्षक से उक्त समस्या का रोचक और उपयोगी विवेचन किया है। आत्मस्वीकार की मुद्रा में वे लिखते हैं, "...धीरे-धीरे जब कबीर की चर्चा नए सिरे से जोर पकड़ने लगी, तो मैंने उन्हें संपूर्णता में पढ़ने का निश्चय किया। उस के लिए

सर्वप्रथम कबीर-वाणी के प्रामाणिक पाठ की समस्या सामने आई। द्विवेदी जी ने अपनी पुस्तक में कबीर की जो कविताएँ दी हैं, उन की प्रामाणिकता में तो उन्हीं को संदेह था, क्योंकि उन्होंने उस की भूमिका में लिखा है कि उनमें से सौ कविताएँ आचार्य क्षितिमोहन सेन द्वारा संपादित 'कबीर के पद' नामक उस पुस्तक से ली गई हैं, जो अपनी प्रामाणिकता के लिए किसी पोथी की मुखापेक्षिता नहीं रखतीं। कारण यह कि उसकी सारी कविताएँ भक्तों के मुख से सुनकर संग्रह की गई हैं। शेष एक सौ छप्पन कविताओं के स्रोत का द्विवेदी जी ने स्पष्ट उल्लेख नहीं किया है...ऐसी स्थिति में 'कबीर' के परिशिष्ट में दी गई कविताओं से मेरा हटना स्वाभाविक था। चूँकि मैं कबीर को शोधकर्ता नहीं, बल्कि आस्वादनकर्ता की दृष्टि से पढ़ना चाहता था, इसलिए मैंने ज्यादा छानबीन नहीं की और डॉ० माताप्रसाद गुप्त द्वारा संपादित 'कबीर ग्रंथावली' को अध्ययन के लिए चुना।'' इस संदर्भ में अपने लिए प्रामाणिक पाठ का चुनाव यों अब कबीर के हर आलोचक और सामान्य पाठक को भी करना होगा। गायक के लिए शायद वैसा ज़रूरी न हो, क्योंकि वहाँ शब्द से कहीं अधिक महत्त्व स्वर और सुर का है।

पुनर्विचार-प्रक्रिया आरंभ करते समय उचित होगा कि कबीर के कवि-रूप को केन्द्र में रखा जाए, जो कई तरह के विवादों के बीच आवृत-सा हो गया है। उच्च अध्ययन संस्थान, शिमला में अपना आलेख 'कवि कबीर' *(सितंबर, १९९९)* इसी दृष्टि से मैंने प्रस्तुत किया था। यहाँ कबीर की अनुभूति-सघनता, उनकी विलक्षण काव्य-युक्तियाँ, भाषा-संस्कार के उनके पक्षों, और उनके नीरन्ध्र संघटन की ओर ध्यान देना होगा; जिससे किसी क़दर प्रेरित होकर रामचंद्र शुक्ल ने अपने इतिहास में कबीर-प्रकरण को पूरा करते हुए लिखा था, ''प्रतिभा उनमें बड़ी प्रखर थी, इसमें संदेह नहीं।'' प्रतिभा और नवोन्मेष के संबंध को उजागर करना ही यहाँ अभीष्ट है।

बड़े कवि की एक पहिचान यह कही जा सकती है कि वह विरोधी परिस्थितियों और मन:स्थितियों के कितने युग्मों को परस्पर आमने-सामने रखकर उन का अंकन करता है। यह विरोधी मन:स्थितियों का चित्रण एक तरह से महाकाव्य के लंबे फैले चित्रण का कुशल, यद्यपि कि आत्मविश्वास की दृष्टि से कठिनतर विकल्प है, गणेश की पृथ्वी-परिक्रमा जैसा जिसे वे अपने भाई कार्तिकेय से पहले पूरा कर लेते हैं। कबीर की चर्चा बहुत बार उनकी तीखी ऐंठ की मुद्रा के लिए होती है, जिस का प्रसिद्ध उदाहरण है—

हम घर जारा आपनां, लिए मुराड़ा हाथि।
अब घर जालौं तास का, जो चलै हमारे साथि॥ (५/१३)

या कि

जे तूं बाभन बभनीं जाया। तौ आंन बाट होइ काहे न आया। (१८२)

तब दूसरी ओर ऐसी विनम्रता और अकिंचनता है कि जिस के सामने तुलसी फीके पड़ जाएँ—

सुपनैं हू बरराइ कै, जिहिं मुख निकसै रांम!
ताके पग की पांनही, मेरे तन कौं चांम।(४/१३)

तुलसी जब कहते हैं—

भाय-कुभाय अनख आलसहू। राम नाम मंगल दिसि दसहू॥

तो एक सार्वजनिक तथ्य का प्रकाश करते हैं, निजी अनुभूति की अभिव्यक्ति नहीं।

ये परस्पर विरोधी मन:स्थितियाँ क्रमश: एक-दूसरे की पूरक होकर जीवन का समग्र चित्रण संभव करती हैं। यह जीवन का वैषम्य-विरोध एक व्यापक स्तर पर जीवन का वैविध्य बन जाता है, और महाकाव्य के समग्र-संपूर्ण चित्रण का प्रतिरूप होता है। अपनी इस अंतस्संबद्धता के गुण से यह विधान मुक्तक काव्य की स्फुटता नहीं, प्रबंध की समरसता के निकट आ जाता है। कहना न होगा कवि की अनुभूति-सघनता इस अंतस्संबद्धता का विधायक कारण होती है।

कबीर की काव्य-युक्तियों में से कुछ का उल्लेख कवि के प्रतीक-विधान के प्रसंग में हो चुका है। उन का अप्रस्तुत विधान—वे भले कूट छंद ही क्यों न हों—बराबर सामान्य जीवन-क्रम से लिया दिखेगा, जिस से श्रोता-पाठक के भाव-बोध में कहीं कुछ अड़चन न हो। भक्ति-निष्ठा के लिए दो अप्रस्तुत उन के यहाँ मिलेंगे—एक सती स्त्री का, और दूसरे युद्ध में लड़ने वाले शूर का। इन की आवृत्ति भक्ति के चरम समर्पण के प्रसंग में कुछ वैसे होती है जैसे तुलसी के यहाँ चातक और मीन की। 'सूरातन' के दोनों प्रकरण—पद और साखी के—इस अप्रस्तुत विधान से भरपूर हैं—अपने अंतिम साज-शृंगार के साथ पूरी महिमा में सती, और वैसे ही अस्त्र-शस्त्रों से लैस शूर। सामान्य जन-जीवन में आदृत ये दोनों बिंब कबीर के लिए प्रेम-भक्ति-निष्ठा के प्रतिमान हैं। एक-दो उदाहरण प्रस्तुत हैं, अपने शब्द-विधान और छंद-लय में तेजस्विता लिए हुए—

सूरा सोइ सराहिए, लड़ै धनीं कै हेत।
पुरिजा पुरिजा होइ परै, तऊ न छांड़ै खेत॥(१४/१२)
सती जरन कौं नीकसी, चित धरि एक बिबेक।
तन मन सौंपा पीव कौं, अंतरि रही न रेख॥(१४/२३)

पौराणिक चरित्रों के साथ-साथ हिंदू जीवन-मूल्यों में आस्था कबीर के कवि-व्यक्तित्व के केन्द्र में है, जिस परंपरा के अनेक तत्त्वों के वे वैसे ही तीखे आलोचक भी हैं। मूल दृष्टि इस समूचे चयन में वह है जिस की व्याख्या रामचन्द्र शुक्ल ने अपने निबंध 'कविता क्या है?' में इस प्रकार की है, "सारांश यह है कि काव्य के लिए अनेक स्थलों पर हमें भावों के विषय के मूल और आदिम रूपों तक जाना होगा जो मूर्त्त और गोचर होंगे। जब तक भावों से सीधा और पुराना लगाव रखनेवाले मूर्त्त और गोचर रूप न मिलेंगे तब तक काव्य का वास्तविक ढाँचा खड़ा न हो सकेगा।" यों, समग्रत: कबीर में एक बुनियादी निर्भीकता का स्वर सर्वत्र मिलता है, उनके रचना-विधान में

और चिंतन में। यह निर्भीकता जैसे उन के यहाँ एक सर्जनात्मक मूल्य धारण कर लेती है।

इस रचनात्मक निर्भीकता का एक विशिष्ट उदाहरण कबीर के भाषिक विधान में द्रष्टव्य है, कहना चाहिए श्रोतव्य है। कई प्रसंगों में इस चर्चा का अवसर हुआ है कि भाषिक सतरंग के एक सिरे पर कविता है तो दूसरे सिरे पर गाली। गाली के बाद भाषा का क्षेत्र चुक जाता है, मार-पीट शुरू हो जाती है। इधर कविता, जो भाषा का अधिकतम सर्जनात्मक रूप है, के पहले मंत्र रहता है। एक तरफ मंत्र, दूसरी तरफ मारपीट, इनके बीच भाषिक प्रयोग के विविध रंग हैं। कबीर की विशिष्ट रचनात्मक क्षमता इस बात में है कि उन्होंने कविता और गाली के विरोधी सिरों को एक दूसरे से मिला दिया है। डाँट-फटकार और गाली ('मुला मुनारै क्या चढ़हि...'/'जे तू बाभन...') को कविता में रूपान्तरित कर देना, यह कबीर के निर्भीक रचना-विधान की ही उपलब्धि है।

कबीर के पक्ष से बहुत बार कुछ क्षमा-याचना की मुद्रा में कहा जाता है कि वे पढ़े-लिखे तो थे नहीं और उनका भाषा-ज्ञान अधकचरा था। जैसे ऐसी साधनहीनता के साथ जितना कुछ वे कर सके उसी को बहुत कर के मानना चाहिए। इस तर्क क्रम का रोचक प्रत्याख्यान हम अपने समय में स्वयं देख चुके हैं। आधुनिक काल के शीर्ष कवि निराला की व्यवस्थित शिक्षा नहीं के बराबर थी, तथा हिंदी उन्होंने अपनी पत्नी के सान्निध्य में और 'सरस्वती' पत्रिका की प्रतियों से सीखी थी, जैसा कि उन्होंने 'गीतिका' के समर्पण में बड़े भावपूर्ण ढंग से स्पष्ट किया है। *(उस 'हिंदी-हीन प्रांत' में उनकी प्रथम भाषा बँगला थी।)* तब कबीर और निराला में भाषा और संवेदना का जैसा वैविध्य है वैसा उनके समकालीनों में ढूँढ़ पाना कठिन है। निराला के कवि-व्यक्तित्व से हम अब सुपरिचित हैं, कबीर के अन्य उपयोगों के बीच से उन के कवि-व्यक्तित्व को फिर से एक बार निकालना होगा।

उपर्युक्त कई बिंदुओं पर वर्ष १९९९-२००० में 'आलोचना'—प्रधान नामवर सिंह के साथ विचार-विनिमय चलता रहा है। 'जनसत्ता', 'आलोचना', 'सापेक्ष', 'साहित्य अमृत' पत्रिकाओं में यह क्रम जारी रहा। उस विनिमय का कुछ उल्लेख यहाँ प्रासंगिक होगा। इस विनिमय के अंतिम चरण में मैंने 'आलोचना' में प्रकाशनार्थ एक समापन टिप्पणी भेजी। संपादक परमानंद श्रीवास्तव ने लिखा—"आप (का) पत्र पहले ही मैंने नामवरजी को भेज दिया। इस बीच एक पत्र और टिप्पणी डॉ० रामचन्द्र तिवारी की भी और अनुरोध उनसे यही किया है कि अब इनके साथ अपनी समापन जैसी टिप्पणी उसी स्तंभ में दे दें। इस बहस को यहीं अंतिम मान लेना भी जरूरी होगा, ताकि दूसरी बहसें उभरें।" (१५-११-२०००)

यह कोई सामग्री छपी नहीं। 'आलोचना' में अप्रकाशित मेरी वह टिप्पणी इस प्रकार है—

"कबीर-विमर्श के क्रम में 'आलोचना' सहस्राब्दी अंक-२ में आपने मेरा पत्र और टिप्पणी अविकल रूप में प्रकाशित किए हैं, और फिर उन पर नामवरजी की

व्यवस्थित प्रतिक्रिया है। सौजन्य के लिए आभारी हूँ।

लगता है इस प्रसंग को अब समेटना उचित होगा। इस विवेचन में विवाद की केन्द्रीय पंक्ति है **'तातें हिंदू रहिए'**, जिसे नामवरजी **'आधा हिंदू रहिए'** पाठ के रूप में स्वीकार करते हैं। हिंदी में 'कबीर ग्रंथावली' के जो मुख्य संस्करण हैं उनकी दृष्टि से पाठ आधा-आधा बँटा है, इस प्रकार—

'तातें हिंदू रहिए' पाठ	**'आधा हिंदू रहिए' पाठ**
१. पारसनाथ तिवारी का संस्करण (१७८)	१. माताप्रसाद गुप्त का संस्करण (गौड़ी ५९)
२. रामकुमार वर्मा का संस्करण (आसा-८)	२. जयदेव सिंह—वासुदेवसिंह का संस्करण (७६)
३. गुरु ग्रंथ साहब का पाठ (२२०) (जैसा नागरी प्रचारिणी सभा संस्करण के अंत में दिया गया है)	३. नागरी प्रचारिणी सभा का संस्करण (५९)

नामवरजी का कहना है कि 'आधा हिंदू रहिए' में 'रहिए' प्रयोग 'विधि' का न होकर 'सामान्य वर्तमान' का माना जाना चाहिए। इस प्रसंग में मेरा अनुरोध पिछले पत्र में था कि इस असामान्य अर्थ-प्रक्रिया को स्वीकार करने के लिए किसी वैयाकरण का मत अपेक्षित है, या फिर किसी कवि-प्रयोग को दिखा कर इसे सिद्ध करना होगा। नामवरजी ने इस प्रसंग में कोई प्रतिक्रिया नहीं दी, जिज्ञासा को अनदेखा कर दिया। यों तो विधि और वर्तमान यदि एकमेक हो जाएँ तो फिर संसार में कोई समस्या ही न रह जाए।

व्याकरण के बाद धर्मान्तरण प्रसंग लें। नामवरजी ने पद का अर्थ करते हुए दो स्पष्ट मान्यताएँ निर्धारित की हैं। एक तो यह कि 'इस पद का वक्ता निर्विवाद रूप से स्वयं कबीर हैं', दूसरे, 'जो स्वयं मुसलमान जुलाहे हैं और अपने आप को मुसलमान जुलाहा मानते हैं।' अब यदि सुन्नत का प्रसंग, जैसा नामवरजी कहते हैं, दो समान धर्मावलंबियों के बीच है—एक काज़ी और दूसरे मुसलमान जुलाहा तो फिर 'शक्ति (बल) अथवा स्नेह से पकड़कर' सुन्नत करने की बात क्यों आती है? सामान्यत: किसी भी मुसलमान बच्चे की सुन्नत एक पवित्र क्रिया के रूप में प्राय: अबोधावस्था में हो जाती है; काज़ी से इतनी लंबी चौड़ी बहस की वहाँ गुंजाइश क्या है? दूसरे, यह कि कबीर यदि जन्मत: मुसलमान थे तो यह क्यों कहते?—'जौ रे खुदाइ तुरुक मोहिं करता तो आपहिं कटि किन जाई' (यदि खुदा ने मुझे तुर्क बनाया होता तो...)। स्मरणीय यह है कि पद की यह पंक्ति प्राय: सभी संस्करणों में है।

यों व्याकरण के एक, तथा धर्मान्तरण के इन दो बिंदुओं पर नामवरजी की व्याख्या की प्रतीक्षा रहेगी, जहाँ इस विवेचन को संपन्न माना जा सकेगा।

तिथि १६-१०-२०००"

यहाँ स्मरणीय है कि **'आधा'** और **'तातैं'** पाठ के चुनाव से विवेच्य पद में कबीर का मंतव्य परिवर्तित नहीं होता। पंक्ति यदि यों होगी—'अरधसरीरी नारि न छूटै आधा

हिंदू रहिए' तो भी कबीर का व्यंगतिक्त अर्थ होगा कि धर्मान्तरण करने वाले व्यक्ति को आधा हिंदू तो फिर भी रहना है ('रहिए' : विधि का अर्थ, वर्तमान का नहीं), क्योंकि स्त्री अर्द्धांगिनी है, और उस की सुन्नत हो नहीं सकती। पंक्ति में तब 'अरध सरीरी' और 'आधा हिंदू' प्रयोगों की समतौल बनावट विशेष रूप से ध्यातव्य है।

इस संदर्भ में प्रधान संपादक नामवरसिंह की प्रतिक्रिया अभी तक प्रतीक्षित है।

अपने मूल्यांकन का समय-समय पर स्वत: मूल्यांकन करते चलना किसी भी जीवंत-जाग्रत साहित्य का नित्य लक्षण है। कबीर की परख तो सदैव से कठिन रही है। जाति-जन्म-भाषा-रूप-पाठ-परंपरा की विविध समस्याएँ वहाँ बराबर उठती रही हैं। उन्हें सुलझाते हुए कबीर पर पुनर्विचार हमारी आलोचना-प्रक्रिया के सर्वथा योग्य निमंत्रण है। समस्या वही पुरानी है—कविता तक पहुँचने की। तिलिस्म को खोलने की कुंजी तिलिस्म के भीतर रखी होती है। कविता तक पहुँचने की कुंजी भी कविता के भीतर ही है—

कबीर का घर सिखर पर, जहाँ सिलहली गैल।
पांव न टिकै पिपीलका, लोगनि लादे बैल॥ (१०/२)

कहना न होगा, यहाँ पहुँचने के लिए पैदल यात्रा ही काम्य है; मिथ्या ज्ञान-लदे बैल नीचे छोड़ देने होंगे।

पुनश्च : 'तातै हिंदू रहिए' पाठ-प्रसंग

विनान्द एम० कैलैवर्त्त के कबीर-पाठ विषयक कार्य का महत्त्व कुछ वैसा ही है जैसा कि राम-कथा के विषय में कामिल बुल्के का। यह भी संयोग है कि दोनों मूलत: युरोप में बेल्जियम क्षेत्र के निवासी हैं।

१९९१ में कैलैवर्त्त ने अपना कबीर पदों का चयन निर्गुण कवियों के एक बृहद संकलन में प्रस्तुत किया, पूरी तरह पारसनाथ तिवारी के संस्करण पर आधारित (द्र० 'द मिलेनियम कबीर वाणी'-पृष्ठ १५)। एक दशक बाद २००० में उन का विशाल अध्ययन-ग्रंथ प्रकाशित हुआ है उक्त 'द मिलेनियम कबीर वाणी' (मनोहर, नयी दिल्ली)। इस ग्रंथ में उन्होंने विविध पाठ-परंपराओं में प्राप्त कबीर-पदों का अलग-अलग पाठ दिया है। आरंभ में एक अनुक्रमणिका है, जिस में शोधकर्त्ता ने प्रत्येक पद की प्रथम पंक्ति देकर निर्देश किया है उस की प्रामाणिक संभाव्यता के बारे में। निर्देश की तीन कोटियाँ हैं—सर्वाधिक संभाव्य पाठ, उस से कम, उस से भी कम। इस अनुक्रमणिका में 'तातै हिंदू रहिए' पंक्ति वाले पद को उन्होंने 'सर्वाधिक संभाव्य पाठ' की कोटि में रक्खा है (पृ० ६७)।

ग्रंथ की लंबी भूमिका में कैलैवर्त्त ने कबीर की विविध पांडुलिपियों, पाठ-परंपराओं और प्रामाणिक संस्करणों की समीक्षा की है। यहाँ उन्होंने फिर पारसनाथ तिवारी की 'कबीर ग्रंथावली' (१९६१) के पाठ की सर्वाधिक आशंसा की—''तिवारी का अग्रणी कार्य अकेला महान् प्रशंसा और सम्मान का अधिकारी है।'' (पृ० १९) इस संपादन कार्य का ही संख्या १७८ का पद है, जिस में यह पंक्ति आती है—'तातैं हिंदू रहिए।' इस पाठ की प्रामाणिकता पर पाठक अब स्वयं विचार कर सकते हैं।

●

३

जायसी का 'पदमावत' : लोक से शिष्ट में संक्रमण

हिंदी महाकाव्य के क्रम-विकास पर यदि एक निगाह डाली जाए तो तीन मंज़िलें स्पष्ट दिखाई देती हैं—चंद बरदाई / बिरद्दिया का 'पृथ्वीराज रासउ' (१३४३ ई०), मलिक मुहम्मद जायसी का 'पदमावत' (१५३० ई०), और गोस्वामी तुलसीदास का 'रामचरितमानस' (१५७४ ई०)। इन तिथियों को बहुत पक्का न भी माना जाए तो भी इसे सामान्यत: दो शताब्दियों का विकास-क्रम समझा जा सकता है। 'पृथ्वीराज रासउ' अपने काव्य-रूप का आरंभिक चरण है—लोक-परंपरा में डूबा हुआ तथा अपने पाठ में मौखिक परंपरा के सहारे विकसनशील। 'पदमावत' में लोक से शिष्ट में संक्रमण की विलंबित और संवेदनशील-सुकुमार प्रक्रिया द्रष्टव्य है, जब कि 'रामचरितमानस' समग्रत: शिष्ट काव्य के रूप में विकसित है।

कथा-विन्यास की दृष्टि से तीनों महाकाव्यों में न्याय और अन्याय के बीच का संघर्ष-स्थूल और सूक्ष्म दोनों स्तरों पर-अंकित हुआ है, जो संघर्ष निराला की 'राम की शक्तिपूजा' तक चला आता है, जहाँ राम दुखी मन से कहते हैं, ''अन्याय जिधर, हैं उधर शक्ति।'' महत्त्वपूर्ण बात यह है कि ऐतिहासिक संयोग की दृष्टि से हिंदी का विकास १००० ई० के लगभग तब गति पकड़ता है जब भारतीय समाज में हिंदू-मुस्लिम द्वन्द्व का रूप गहरा हो चुका था। इस के बावजूद हिंदी भाषा-साहित्य का चरित्र कहीं सांप्रदायिक नहीं होता। 'रासो' और 'पदमावत' दोनों हिंदू-तुरक युद्ध की गाथाएँ हैं, पर साफ दिखाई देता है कि पृथ्वीराज का सखा-कवि चंद बिरद्दिया कहीं मुहम्मद गोरी की अवमानना नहीं करता, उल्टे पृथ्वीराज की पराजय के लिए स्वयं उस के कामांध हो जाने की आलोचना करता है। दूसरी ओर, मलिक मुहम्मद जायसी कहीं अलाउद्दीन का पक्ष नहीं लेते। उनकी सहानुभूति है तो चित्तौड़ के साथ न कि दिल्ली के। हिंदू कवि हिंदू राजा का चरित-गायक हो, पक्षधर नहीं होता, मुसलमान कवि मुसलमान बादशाह की तरफ़दारी नहीं करता। रचना के केन्द्र में न्याय-अन्याय के मूल्य हैं, जिस के अनुसार रचनाकार अपना दृष्टिकोण निर्धारित करता है। यही न्याय-अन्याय की बुनियादी समस्या 'मानस' का भी उपजीव्य है। तुलसी यदि चाहते तो रावण के चरित्र में दिल्ली के बादशाह को प्रक्षिप्त कर सकते थे बड़ी रचनात्मक सुविधा के साथ। पर उन के लिए महत्त्वपूर्ण ये तात्कालिक द्वन्द्व नहीं थे। वे तो भक्ति के विराट् साम्राज्य में विचरण करते थे। तब 'रासो' मूलत: शौर्य-गाथा है, 'पदमावत' प्रेम-गाथा और शौर्य-कथा का मिला-जुला रूप, 'मानस' है शौर्य और त्याग की गाथा।

'पदमावत' अपने ठेठ अवधी रूप और लोक-संस्कार के कारण हिंदी-क्षेत्र के सामान्य पाठक के लिए भले कुछ दुरूह रहा, पर हिंदी के सहृदय आलोचकों-विद्वानों के बीच वह बराबर लोकप्रिय रहा है, और उन्होंने उसे समग्र हिंदी परंपरा में बहुमान दिया है। रामचंद्र शुक्ल (**'जायसी ग्रंथावली' की भूमिका : १९२४**)—वासुदेवशरण अग्रवाल (**'संजीवनी व्याख्या' : १९५५**)—विजयदेवनारायण साही (**'जायसी' : १९८३**)—मोटे तौर पर हिंदी वैदुष्य की तीन पीढ़ियों ने उस की मार्मिक व्याख्या-विवेचना की है, तो दूसरी ओर रामचंद्र शुक्ल, माताप्रसाद गुप्त तथा वासुदेवशरण अग्रवाल ने बड़े जतन के साथ उस का पाठ-निर्धारण किया है, जहाँ वैदुष्य और व्याख्या का प्रीतिकर संगम है। आचार्य शुक्ल की आलोचना यदि जायसी को लेकर अपने शीर्ष पर पहुँचती है तो वासुदेवशरण अग्रवाल के सांस्कृतिक अध्ययनों की शृंखला में वैसी ही स्थिति उन के द्वारा प्रस्तुत 'पदमावत' की संजीवनी व्याख्या की है। ऐसी आलोचना और व्याख्या, कहना न होगा, इस महाकाव्य के सर्वथा योग्य है। प्रस्तुत विवेचन का आधार रामचंद्र शुक्ल तथा वासुदेवशरण अग्रवाल के पाठ हैं। संदर्भ-संकेत वासुदेवशरण अग्रवाल से हैं (**संस्करण : २०००**)।

'पदमावत' के कथानक का विधान सबसे पहले ध्यान आकर्षित करता है, जो अपने स्वरूप में अतुलनीय है। पदमावत पूर्व और उत्तर को तराजू के दो पलड़ों की तरह साधा गया है। पूर्व पदमावत की प्रकृति पूरी तरह लोक-कथा की है, जबकि उत्तर पदमावत में इतिहास का ताना-बाना है—वह पूरी तरह इतिहास-सम्मत है या नहीं, यह एक अलग प्रश्न है। कुछ विद्वानों की धारणा है कि यहाँ एक ऐसा विरल उदाहरण है, जहाँ लोक में प्रचलित कथा इतिहासविदों के लेखन में प्रवेश कर गई है, जब कि अधिकतर तो इतिहास के वृत्त कुछ कल्पना का सहयोग लेकर लोक-वृत्त बनते हैं। बहरहाल, लोक-कथा और इतिहास का आमना-सामना जैसा 'पदमावत' में हुआ है, वह कथानक को एक अपनी सर्जनात्मक गति और आत्म-सक्रियता प्रदान करता है। आरंभ से लक्ष्मी समुद्र खंड तक लोक-कथा का विधान चलता है; फिर चित्तौर आगमन खंड से अंत तक इतिहास की ठोस जमीन है। कहना न होगा, दोनों लोक में परिवेश और प्रणाली फ़रक-फ़रक है। एक तरह से यह जैसे मानव जीवन का ही रूपक हो। आरंभिक अंश लोक-कथाओं की तरह चुनौतियों से भरपूर, पर आकर्षक और प्रेम-रोमांस में निमग्न; उत्तरार्द्ध यथार्थ की कठोर टकराहट से क्षत-विक्षत। यही रूपक 'पदमावत' के कथा-विधान में अनुस्यूत है। तब पूर्वार्द्ध और उत्तरार्द्ध का यह आमना-सामना इस रूप में क्यों है, इस की सार्थकता समझ में आती है। महाकाव्य की ऐसी कथा-योजना, जैसा कहा गया, अपने में अतुलनीय है, जहाँ मानवीय नियति लोक-कथा और इतिहास के द्वन्द्व में सब के देखते-देखते रूप ग्रहण करती है।

'पदमावत' के कथा-विधान की एक और विशेषता यह है कि आदि से अंत तक बड़ी सांकेतिक शैली में वह 'रामायण' के कथा-क्रम से एक आत्मीय संस्पर्श बनाए रहती है। इस प्रक्रिया में कवि जहाँ एक ओर इस आदि-काव्य से अपना लगाव प्रकट

करता है, वहीं दूसरी ओर 'रामायण' की अप्रतिम लोकप्रियता का कुछ लाभ भी उसे मिल जाता है। संजीवनी व्याख्याकार वासुदेवशरण अग्रवाल ने अपने प्राक्कथन में ठीक लिखा है, ''तुलसी का रामचरितमानस उस समय तक अस्तित्व में न आया था। किंतु रामकथा अवध के ग्रामों में लोगों की जिह्वा पर थी। जायसी ने जनता के स्तर से ही रामकथा का संग्रह करके लगभग सौ बार उस का उल्लेख किया है। इन के मिलाने से एक छोटी जायसी रामायण ही बन जाती है। राघौ जौं सीता सँग लाई। रावन हरी कवन सिधि पाई॥ (१३५/२); तहूँ एक बाउर मैं भेंटा। जैस राम दशरथ कर बेटा॥ ओहु मेहरी कर परा बिछोवा। एहि समुंद महँ फिरि फिरि रोवा॥ (४१३/४-५); अथवा भाइन्ह माहँ होइ जनि फूटी। घर के भेद लंक असि टूटी॥ (३७६/२)—इस प्रकार की उक्तियाँ जैसे जनता की बोल-चाल से उठ कर कवि की जिह्वा पर आ बैठी हैं।'' (पृ० ७) इस क्रम में सबसे मार्मिक प्रसंग आता है समापन में। देवपाल को संग्राम में मार कर लौटते समय रत्नसेन वीरगति को प्राप्त होता है—यह एक कथा-युक्ति हो सकती है रत्नसेन की मर्यादा को बचाने की दृष्टि से, अलाउद्दीन के हाथों पराजित होने से उसे बचाने के लिए। फिर पद्मावती, नागमती के साथ, सती हो जाती है। ट्रैजडी के इस चरम बिंदु पर कवि कहता है—तब लगि सो औसर होइ बीता। भए अलोप राम औ सीता॥ (६५१) यों वह ध्यान दिलाता है कि रामायण के अंत में तो अकेली सीता लुप्त होती हैं; यहाँ राम और सीता—रत्नसेन और पद्मावती—दोनों लुप्त हो जाते हैं। यों, 'रामायण' के न्याय-अन्याय संघर्ष को मुसलमान कवि ने 'पदमावत' की कथा-वस्तु में पिरो दिया है। कवि का यह रचनात्मक साहस अपनी जगह है पर व्यवहार जगत की निर्भीकता भी कम नहीं। तब प्रसिद्ध आधुनिक राजनेता राममनोहर लोहिया का कथन अनायास स्मरण हो आता है—

''**एक बात मैं हर हिंदुस्तानी से कहना चाहता हूँ। रज़िया, शेरशाह, मलिक मुहम्मद जायसी, रहीम और रसखान मेरे पुरखे हैं, मेरे बाप दादों में हैं। गज़नी, गोरी, बाबर, तैमूरलंग ये परदेशी थे, हमलावर थे।**'' इस प्रसंग में वासुदेवशरण अग्रवाल ने अपने प्राक्कथन के आंरभ में एक सांस्कृतिक संदर्भ के सहारे जायसी को **'पृथिवी-पुत्र'** की उपाधि ठीक ही दी है।

राम-कथा का सूत्र, जैसा स्पष्ट किया गया, 'पदमावत' पूर्वार्द्ध और उत्तरार्द्ध में—दोनों की अलग-अलग प्रकृति के बावजूद—एक-सा चलता रहता है। इस अलग प्रकृति का एक रोचक उदाहरण वहाँ मिलता है, जहाँ पूर्वार्द्ध के लोक-कथा-विधान में रत्नसेन को समुद्र से मिले पाँच अमूल्य अतिप्राकृत रत्न—अमृत, हंस, सुनहला पंछी, शार्दूल और पारस, यहाँ तक कि स्वयं अमृत—उत्तरार्द्ध के इतिहास-विधान में निष्प्रभावी हो जाते हैं। उन की विडंबना है कि बादशाह से संधि के समय उन्हें उपहार-रूप में अलाउद्दीन को दे दिया जाता है। विशेषत: दो रत्न—अमृत और शार्दूल—किसी भी युद्ध में धारक को निश्चित विजय दिलाने में समर्थ थे। पर लोक-कथा-खंड की शर्तें उत्तरार्द्ध के इतिहास-खंड में जैसे समाप्त हो गई हों। सिंहल के रत्न

चित्तौड़ में पहुँच कर अपना प्रभाव खो बैठे हों।

यों, महाकाव्य के पूर्वार्द्ध और उत्तरार्द्ध के कथा-लोकों का इतना अलग—प्राय: एक दूसरे का विरोधी—विन्यास अपने में अतुलनीय है। एक ओर लोक-कथाओं का परिवेश है, जहाँ देवी-देवता आते हैं, अतिप्राकृत तत्त्वों की भूमिका है, बोलने वाला ज्ञानी तोता है, राक्षस भी बीच में आ जाते हैं, जिन्हें कभी राजपक्षी पकड़ कर उठा ले जाता है। पर सब विघ्नों के बावजूद नियति दयालु है, और इस हिस्से का अंत सुख-गाथा में होता है। दूसरी ओर, कठोर इतिहास-लोक है जहाँ कोई दैवी कृपा नहीं, तोता सहायक नहीं, सिद्धि गुटका नहीं, मनुष्य को सिर्फ़ अपने पौरुष के सहारे लड़ना है। सामने है क्रूर संसार, छल, विश्वासघात, दुर्योगों से भरपूर। अंत संपूर्ण ट्रैजडी में होता है, जो स्पष्ट ही यहाँ सारे मानवीय संकल्पों की अनिवार्य परिणति है। सामान्य लोक-कथा का भरत-वाक्य होता है—'जैसे इन के दिन बहुरे वैसे सब के बहुरें', ट्रैजडी का पाठक-सामाजिक समापन पर सोचता है—'जैसा इन का अंत हुआ वैसा किसी का न हो।' दया और भय का रेचन वहाँ काव्यशास्त्रियों ने ठीक ही कहा है : दया चरितनायक के लिए, भय स्वयं अपने लिए कि मेरे जीवन की भी परिणति कहीं ऐसी न हो! यों 'पदमावत' का आंतरिक रचना-विधान अपने ही इन दो कथा-लोकों की निरंतर टकराहट में गतिशील रहता है। चरित्रों की टकराहट तो हर महाकाव्य की आंतरिक प्रक्रिया का अंग होती है, पर कथानक को यों दो हिस्से में बाँट कर उन की अपनी टकराहट, सीधे नहीं, व्यंजना में दिखा कर पदमावत विराट काव्य बनता है।

विजयदेवनारायण साही ने अपने विवेचन में 'पदमावत' के ट्रैजडी रूप को रेखांकित किया है, विशेषत: इसलिए कि संस्कृत-हिंदी परंपरा में ट्रैजडी को कहीं प्रेरित-पुरस्कृत नहीं किया गया। पश्चिम में ट्रैजडी की अनेकानेक प्रकार से विवेचना हुई है, आधुनिक आलोचक जॉर्ज स्टीनर ने अपनी कृति 'द डैथ ऑफ़ ट्रैजडी (१९६१) में एक नयी व्याख्या सुझाई है—"ट्रैजडी की वापरा क्षति-पूर्ति संभव नहीं।" कहीं यह भी कहा गया है कि ट्रैजडी असमाधेय है। इन विविध पर्यवेक्षणों के प्रकाश में 'पदमावत' का अपना स्वरूप दूर तक आलोकित होता है। पर पश्चिम की ट्रैजेडी के बंधान से एक महत्त्वपूर्ण अंतर भी परिलक्षित होता है। काव्य की निष्पत्ति कथानक के स्तर पर ट्रैजडी में होती है छंद-गुच्छ ६५१ में, जहाँ शाह भी भागीदार होता है—

छार उठाइ लीन्हि एक मूँठी। दीन्हि उड़ाइ पिरिथमी झूठी॥

जैसे अलाउद्दीन, इस्लामी परंपरा के अनुसार, कब्र पर एक मुट्ठी मिट्टी डाल रहा हो मृतात्मा के सम्मान में। और इस नश्वरता-बोध के साथ ही उपसंहार खंड के दो अंतिम छंद-गुच्छ आते हैं ६५२ और ६५३। यहाँ कवि काव्य के समूचे कथानक पर, और अपने जीवन पर भी पर्यालोचन करता है, और इस प्रक्रिया में ट्रैजडी को, भारतीय परंपरा के अनुसार, शांत रस में विलीन कर देता है। कुछ पंक्तियाँ प्रस्तुत हैं—

मुहमद यहि कबि जोरि सुनावा। सुना जो पेम पीर गा पावा॥

* * *

कहाँ सो रतनसेनि अस राजा। कहाँ सुवा असि बुधि उपराजा॥
कहाँ अलाउदीन सुलतानू। कहँ राघौ जेइँ कीन्ह बखानू॥
कहँ सुरूप पदुमावति रानी। कोइ न रहा जग रही कहानी॥
धनि सो पुरुख जस कीरति जासू। फूल मरै पै मरै न बासू॥
केइँ न जगत जस बेंचा केइँ न लीन्ह जस मोल।
जो यह पढ़ै कहानी हम सँवरै दुइ बोल॥ ६५२
मुहमद बिरिध बएस अब भई। जोबन हुत सो अवस्था गई॥
बल जो गएउ कै खीन सरीरू। दिस्टि गई नैनन्ह दै नीरू॥
दसन गए कै तुचा कपोला। बैन गए दै अनरुचि बोला॥

*　　　　*　　　　*

बिरिधि जो सीस डुलावै सीस धुनै तेहि रीस।
बूढ़े आढ़े होहु तुम्ह केइँ यह दीन्ह असीस॥ ६५३

वृद्धावस्था पर यह व्यंगपरक प्रश्न छेड़ कर, बिना उत्तर की प्रतीक्षा किए, जायसी अपने इस यशस्वी काव्य का समापन करते हैं। कहना न होगा, आचार्य रामचंद्र शुक्ल यहीं से 'पेम पीर' का मुहाविरा लेकर अपनी आलोचना में जगह-जगह जायसी को 'प्रेम की पीर' का सिद्ध कवि दिखाते हैं। वृद्धावस्था का जो करुण, यद्यपि व्यंगपूर्ण चित्र कवि ने खींचा है कुछ वैसा ही आधुनिक काल के बड़े कवि निराला का है—**'झूल चुकी है खाल ढाल की तरह तनी थी।'**

ट्रैजडी का शांत रस में पर्यवसान—जायसी ने 'पदमावत' का बंधान बहुत-कुछ इसी तरह से बाँधा है : आरंभ का स्तुतिखंड तेईस छंद-गुच्छों में फैला, फिर सिंहल द्वीप की प्रकृति और नगर-वर्णन का विस्तार शांत और सौम्य मुद्रा में चलने वाला—यह ऐसा शांत जल है कि इस के नीचे कितना बाडवाग्नि होगा, इस की कोई कल्पना सहज नहीं कर सकता।

सिंहल की प्रकृति और नगर का वर्णन बड़े क्रमिक तथा विलंबित रूप में चलता है। यह लय अंतिम खंडों की ओर द्रुततर होती जाती है, जैसे किसी अनिवार्य टकराहट की ओर बढ़ रही हो। अंत के खंडों में वृत्त उत्तरोत्तर संक्षिप्त होता जाता है। इसलिए नहीं कि कवि कुछ हड़बड़ी में है, वरन् यह सब कुछ उस के व्यापक विधान का अंग है, श्रेष्ठ संगीत की तरह विलंबित से द्रुत की ओर। बंधन मोक्ष: पद्मावती मिलन खंड में सात गुच्छ हैं, रत्नसेन देवपाल युद्ध खंड में दो, राजा रत्नसेन वैकुंठवास खंड में एक, पद्मावती नागमती सती खंड में चार, और उपसंहार में दो।

तुलना में आरंभिक खंडों की स्थिति द्रष्टव्य है : स्तुति खंड-२४, सिंहल द्वीप-वर्णन खंड-२५, जन्म-खंड-९। दूसरे खंड का वर्णन, जैसा कहा गया, अत्यंत प्रशमित रूप में चलता है, जो आधुनिक फोटोग्राफ़ी कला का कहीं स्मरण दिला देता है—लाँग शॉट, शॉर्ट शॉट, क्लोज अप जैसे क्रम में। २५-२६ में आरंभिक परिचय के बाद सिंहल द्वीप का अंकन ऐसा है जैसे कोई बाहर से आनेवाला यात्री कुछ दूर से उसे देखता हो।

फिर धीरे-धीरे द्वीप और नगर के ब्यौरे उभरते हैं—उपवन, वृक्ष, पक्षी, पनघट, साधु-संन्यासी, सरोवर, फुलवारी, नगर, हाट, शृंगार-हाट, सिंहल गढ़, राजसभा, रनिवास—इस क्रम में जैसे कवि का कैमरा आगे बढ़ रहा हो। फिर जन्म खंड में पद्मावती के शैशव और यौवन का वर्णन तथा 'क्लोज-अप' आता है, क्योंकि यह सारा आच्छादन उसी परम तत्त्व का है, या फिर तात्त्विक दृष्टि से उसी का रूप है। ऐसा क्रमिक और सधा वर्णन अन्यत्र कठिनाई से मिलेगा। जायसी का अध्यात्म अपनी जगह है, पर इस कोटि का कवि-कर्म तुलसी, तथा किसी क़दर सूर में ही देखा जा सकता है, जिन तीन कवियों के वैशिष्ट्य की परख करते रामचंद्र शुक्ल कभी थकते नहीं। 'पदमावत' की भूमिका, 'मानस' की ही तरह, आचार्य शुक्ल के प्रयोग में 'धूमधाम' से चलती है, और तब वैसा ही महत्त्वाकांक्षी आगे का बंधान है।

उक्त विवेचन से स्पष्ट है कि 'पदमावत' ऐसी ट्रैजडी है, जिस का आदि से अंत तक चित्रण एक विराट् जीवनोत्सव के रूप में हुआ है—ईश्वर-स्तुति से लेकर अंत के पर्यालोचन 'बिरिध जो सीस डोलावै...' तक। ऐसा निस्पृह अंकन संभव इसलिए होता है क्योंकि कवि सच्चे मन से जीवन को—उस में मृत्यु शामिल है—'एक करतारू' द्वारा दत्त मानता है। कवि की रुचि इसीलिए रणक्षेत्र और रति-प्रसंग दोनों में समान चलती है, दोनों के वर्णन का कोई अवसर कवि छोड़ना नहीं चाहता। चित्तौड़ गढ़ के नीचे लंबा चल रहा तीखा युद्ध, और राजद्वार के ऊपर के भाग में नृत्य-संगीत का अखाड़ा। युद्ध में प्रयुक्त होने वाली तोपों की उपमा नायिकाओं से—बीर सिंगार दुवौ एक ठाऊँ। सुतुरुसाल गढ़भंजन नाऊँ॥ (५०७/७) रति-प्रसंग का कोई ऐसा वर्णन शायद ही हो जहाँ उस की तुलना रणक्षेत्र से न की गई हो। यही है कवि का जीवनोत्सव, जो 'पदमावत' के रचना-विधान के केन्द्र में है। और यहाँ चरित्रांकन कुछ इस प्रकार का है कि जो चरित्र अच्छा या बुरा, रत्नसेन या अलाउद्दीन, हीरामन तोता या राघव चेतन, पद्मावती, नागमती या कमोदनी—जिस परिस्थिति में, जैसा आचरण करता है, लगता है उससे भिन्न उस के लिए कोई रास्ता ही न था। ऐसे निर्विकल्प कथायन का वैभव जायसी में देखते बनता है।

'पदमावत' में लोक-अभिप्रायों का प्रयोग और प्रयोजन वस्तुतः विशिष्ट अध्ययन की अपेक्षा रखता है। यहाँ कुछ संकेत भर संभव हैं। जैसा इस अध्याय के शीर्षक में निहित है, 'पदमावत' हिंदी महाकाव्य के विकास की वह मंज़िल है, जहाँ रचना का पहले से चला आने वाला लोक-विधान क्रमशः शिष्ट मान्यताओं में परिणत हो रहा है। लोक-वाङ्मय का कोमल, मार्मिक रूप लोक-गीतों में आता है, पर उस का वास्तविक यथार्थोन्मुख स्वरूप लोक-कथाओं या कि लोक-गाथाओं में आता है। 'पदमावत' में लोककथा (गद्य) और लोक-गाथा (बैलैड्स, अथवा कथा-काव्य) दोनों रूपों का संगमन होता है। यहाँ कथा के साथ-साथ अध्यात्म, व्यावहारिक ज्ञान, नीति-वचन सब कुछ मिले जुले हैं। शिष्ट साहित्य की तरह लोक-वाङ्मय में अध्यात्म के लिए उपनिषद्, व्यावहारिक ज्ञान के लिए विविध शास्त्र, और नीति-ग्रंथ अलग-अलग सुलभ नहीं। लोक-कथा में ही सब कुछ निहित है यत्किंचित विस्तार के साथ। इन

विषयों के समावेश से रचनाकार को दुहरा लाभ मिलता है। एक तो भावक वर्ग—जो अधिकतर निरक्षर या कि अशिक्षित है, इन प्रसंगों से अपने को किसी कदर शिक्षित बनाता है; दूसरी ओर, कथा-प्रवाह को कुछ देर थाम कर रचनाकार उस के लिए अतिरिक्त औत्सुक्य जागृत करता है। आचार्य शुक्ल के आलोचकीय अन्यायों में एक प्रसंग इसी प्रक्रिया से संबंधित है, जहाँ वे इस मर्म की ओर ध्यान न देकर जायसी के रचना-विधान से खीज उठते हैं। 'भूमिका' में 'संक्षिप्त समीक्षा' के अंतर्गत वे लिखते हैं, ''जायसी के वर्णन बहुत विस्तृत हैं—विशेषत: सिंहलद्वीप, नखशिख, भोज, बारहमास, चढ़ाई और युद्ध के—जिन से उन की जानकारी और वस्तुपरिचय का अच्छा पता लगता है। कहीं तो इतनी वस्तुएँ गिनाई गई हैं कि जी ऊब जाता है...इसी प्रकार और बहुत सी पुनरुक्तियाँ हैं जिन के कारण पाठकों को कभी-कभी विरक्ति हो जाती है...सोलह शृंगार और बारह आभरणों का वर्णन तथा ज्योतिष का लंबा-चौड़ा यात्रा-विचार केवल जानकारी प्रकट करने के लिए जोड़े हुए जान पड़ते हैं। वे किसी काव्य के प्रकृत अंग कदापि नहीं हो सकते।'' अन्यत्र भी, ''पारिभाषिक शब्दों से भरे कुछ प्रसंग घुसेड़ने का जायसी को शौक ही रहता है, जैसे पद्मावती के मुँह से 'तौ लगि रंग न राँचै जौ लगि होइ न चून' सुनते ही राजा रत्नसेन पानों की जातियाँ गिनाने लगता है—'' (संबंध निर्वाह)। यहाँ समझना होगा कि 'पदमावत' फ़ारसी मसनवी शैली का जैसे भारतीय लोक-संस्करण हो, जहाँ वर्णन अबाधित रूप में चलता है। तब उक्त शिकायतें बहुत-कुछ हट जाती हैं। आचार्य शुक्ल ने 'भूमिका' के आरंभ में ही मसनवी रूप को तो स्वयं रेखांकित किया है, पर उस में लोक-कथा के आंतरिक विन्यास की ओर उतना ध्यान नहीं दिया।

संस्कृत साहित्य के प्रसिद्ध इतिहास-लेखक मैकडॉनेल का कथन स्मरण हो आता है कि संस्कृत वाङ्मय में नीति और दर्शन के सिद्धांत काव्य-सूक्तियों के रूप में कैसे फैले पड़े हैं, और महाभारत तो दार्शनिक लोकोक्तियों की अक्षय खान है (अध्याय-१४)। कहना न होगा कि 'पदमावत' में उसी शिष्ट परंपरा का लोक-रूप प्रवाहित हुआ है।

शृंगारिक प्रसंगों के बहुत बार आध्यात्मिक अर्थ भी साथ-साथ चलते हैं। ऐसे प्रसंगों को तब प्राय: रचना-कौशल के उदात्त रूप में प्रस्तुत किया जाता है। यहाँ वस्तुत: एक अधिक बुनियादी मानवीय प्रवृत्ति कार्य कर रही होती है। वह है शरीर को अध्यात्म के स्तर पर पहुँच कर अनुभूत करना। सिद्धों-नाथों से लेकर आधुनिक छायावादी काव्य में इस अनुभूति के विविध रूप देखे जा सकते हैं। जयशंकर प्रसाद ने अपने 'रहस्यवाद' शीर्षक निबंध में इस के संकल्पात्मक अनुभूतिपरक रूप को बड़े क्रमबद्ध ढंग से व्याख्यायित किया है। कहना न होगा, जायसी इस परंपरा की महत्त्वपूर्ण कड़ी हैं।

स्थूल को सूक्ष्म रूप में छान कर ले आना उसे अधिक क्षमता-संपन्न बनाना है, जिस मौलिक सिद्धांत पर अणु-प्रक्रिया चलती है, वैद्यक और होम्योपैथी निर्मिति भी। धर्म को छान कर संस्कृति बनती है, भक्ति-काव्य-संगीत जैसी प्रक्रियाएँ भी स्थूल

शरीर को उपादान-रूप में स्वीकार करके उसे उदात्त करती हैं। शृंगार और अध्यात्म का ऐसा ही रिश्ता शिष्ट और लोक दोनों स्तरों पर द्रष्टव्य है, लोक-जीवन में कुछ अधिक ही, क्योंकि यहाँ अध्यात्म-विवेचन का स्वतंत्र कोई अवसर नहीं, वह सामान्य जीवन-क्रम में अंतर्निहित है। जो कुछ अध्यात्म-नीति-दर्शन है सब कुछ मानवीय कथानक का ही अंग है। इस रूप में 'पदमावत' आध्यात्मिक और ऐहिक एक साथ है, जो लोक-वाङ्मय की एक बड़ी पहिचान कही जा सकती है। प्रेमिका को पाने के लिए योगी हो जाना—यह लोक-अभिप्राय (१२६) इस का स्पष्ट प्रमाण है।

जायसी के काव्याध्यात्म की एक बड़ी विशेषता यह है कि आध्यात्मिक-नैतिक कोटि का एक अतिरिक्त, यद्यपि कि संबद्ध, अर्थ वहाँ आप से आप झंकृत होता है। ईश्वरीय लोक की आत्मा की ससुराल-रूप में व्यंजना इसी प्रकार उभरती है—

ऐ रानी मन देखु बिचारी। एहि नैहर रहना दिन चारी॥ (६०)

अथवा मानसरोवर में सखियों के साथ पद्मावती की जल-क्रीड़ा—

लागीं सब मिलि हेरै बूड़ि बूड़ि एक साथ।
कोई उठी मोंति लै घोंघा काहू हाथ॥ (६४)

या कि बिल्ली के डर से हीरामन तोता का पिँजड़ा छोड़ कर उड़ जाना—

जहाँ न राति न देवस है जहाँ न पौन न पानि।
तेहि बन होइ सुअटा बसा को रे मिलावे आनि॥ (६८)

यहाँ स्पष्ट ही श्लिष्ट प्रयोग कोई नहीं; सामान्य शब्दों के संयोजन में अर्थ की विशिष्ट झंकार संभव होती है।

दूसरी ओर, 'पदमावत' में लोक-ज्ञान के विविध प्रसंग आते हैं, जिन से पाठक के ऊबने की बात रामचंद्र शुक्ल ने कही है। वस्तुतः लोक-ज्ञान अलग-अलग, विशेषीकृत—जैसे ज्योतिष, सामुद्रिक, कामशास्त्र, तंत्र-रूप में नहीं होता। वहाँ वह एक और समग्र है, और उसी रूप में जायसी ने उस के लिए काव्य में स्थान बनाया है। जैसे लोक का अध्यात्म ब्राह्मण-आरण्यक-उपनिषदों में बंद नहीं, वैसे ही उस का शास्त्र-ज्ञान उक्त कोटि के ग्रंथों से सीधे नहीं आता। वह पंडितों से चल कर सामान्य जन-जीवन में क्रमशः उतरता और प्रवाहित होता है। लोक कथा / गाथा ही वह मंजूषा है, जहाँ समस्त लोक-ज्ञान निक्षिप्त हैं। पिछले समय के निरक्षर लोक-जीवन में ये विस्तृत लोकगाथाएँ ही ज्ञानकोश का काम देती रही हैं। जायसी इस अक्षय कोश का भरपूर उपयोग करते हैं, रोचकता, ज्ञान और कथा-प्रवाह को विश्राम देने की दृष्टि से। कहीं चारे की महिमा है (६६) तो कहीं चारे का विष संकेतित है (७०)। इसी प्रकार 'ऊँच' की चर्चा है (१६३), 'माँटी' का महत्त्व है (१६६), दूती द्वारा 'दूसरे' की आवश्यकता का संकेत है (५९६)। इसी क्रम में दान-महिमा (३८७), पूँजी माहात्म्य (४२०), पानी की मौलिक स्थिति (५५१), मसि महत्त्व (५९८) वर्णित होते हैं। अधिकतर ऐसे प्रसंग एक पूरे छंद-गुच्छ में फैले हुए हैं। 'रामचरितमानस' यद्यपि

'लोक-बेद' युग्म के महत्त्व को बार-बार रेखांकित करता है, पर लोक-दृष्टि का वास्तविक ब्यौरा जायसी के 'पदमावत' में मिलता है। यहाँ विरह-माहात्म्य वर्णित है (२४८) वह तो उचित ही है, पर छल की महिमा का आख्यान भी गंधर्वसेन की राज्य-सभा में होता है सिंहल गढ़ के ऊपर रत्नसेन तथा अन्य योगियों की चढ़ाई के अवसर पर (२४०)। कहना न होगा, इस छल का वास्तविक प्रयोग उत्तरार्द्ध में पहले अलाउद्दीन करता है रत्नसेन को पकड़ने के लिए, फिर गोरा-बादल करते हैं राजा को छुड़ाने के लिए। वे कहते हैं—

जस तुरुकन्ह राजहिं छर साजा। तस हम साजि छड़ावहिं राजा॥

और इस क्रम में वे अपना नीति-सिद्धांत घोषित करते हैं—

पूरुष तहाँ करै छर जहँ बर कीन्हैं न आँट।
जहाँ फूल तहाँ फूल होइ जहाँ काँट तहाँ काँट॥ (६२१)

कुल मिलाकर लोक-जीवन की सामग्री को जिस प्रकार जायसी ने शिष्ट काव्य में ढाला है, वह अतुलनीय है। यह रूपांतरण 'पदमावत' की रचना-प्रक्रिया के केन्द्र में है। यहाँ उस का विधान 'रामचरितमानस' से अलग है। यहाँ लोक-बोली, लोक-कथानक, लोक-अभिप्रायों और लोक-जीवन की मिठास है। आचार्य शुक्ल ने कहा है, ''जायसी की भाषा बहुत ही मधुर है...उस में अवधी अपनी निज की स्वाभाविक मिठास लिए हुए है।'' *(भूमिका : जायसी की भाषा)* लोक-अभिप्रायों में हैं—पंडित तोता, रूपगर्विता और उसका प्रश्न *(है कोई एहि जगत महँ मोरें रूप समान : ८३)*, प्रेमी के अभियान में शिव-पार्वती का सहायक होना, जगह-जगह लंबे वर्णनों से प्रकथन को थाम कर कथानक के प्रति अतिरिक्त कौतूहल उत्पन्न करना, कथा-काल को कुछ समय अवरुद्ध करके जैसे उस की गति तीव्र की जाती हो। यहाँ यह भी स्मरणीय है कि जायसी में अभिजात और लोक का विलक्षण संगम हुआ है। राजभवन और उस के शयनागार के स्थापत्य, और वहाँ की साज-सज्जा, तथा सुगंधों का जैसा वास्तविक वर्णन वे करते हैं, उस का अनुमोदन अपनी व्याख्या में प्रख्यात इतिहासविद वासुदेवशरण अग्रवाल ने जगह-जगह अपनी टिप्पणियों में किया है। जैसे 'पदमावत' में दो कथा-लोकों की टकराहट है, कुछ उसी के समानांतर यह अभिजात और लोक की अंतर-क्रिया चलती है।

जायसी का सूफी होना उन के काव्य के संदर्भ में प्रासंगिक विषय है, आधिकारिक नहीं। परिवार-परिवेश की परंपरा से प्राप्त कई ऐसे तत्त्व आरंभ में रचनाकार के व्यक्तित्व को गढ़ने में सहायक होते हैं, पर अंतत: तो कवि की व्यक्तिगत प्रतिभा ही उस सब का अनुशासन करती है। जायसी के प्रसंग में सूफ़ी तत्त्व का काफ़ी-कुछ विवेचन आचार्य शुक्ल से लेकर साही तक हुआ है—विविध आलोचना और शोध-ग्रंथों में फैला हुआ। अब उस में नया जोड़ने को कुछ बहुत शेष नहीं रह जाता। इतना बहुत स्पष्ट है, जैसा पहले भी संकेत किया गया, कि सांप्रदायिक टकराहट के बीच अपना विकास प्रारंभ करने वाला हिंदी काव्य अपने को बराबर सांप्रदायिक विद्वेष से

मुक्त रखता है। जायसी ने 'पदमावत' में इस परंपरा को समृद्धतर बनाया है।

जायसी रत्नसेन और अलाउद्दीन के बीच युद्ध को जगह-जगह हिंदू-तुरक युद्ध बताते हुए *(हिंदू तुरुक दुऔ सम बाजे)* भी अपने को वीर-पूजा के प्रति प्रतिश्रुत रखते हैं। अलाउद्दीन जब छल से चित्तौड़ गढ़ के नीचे रत्नसेन को पकड़ लेता है तो जैसे उस छल को कवि मान्यता देता है, उसी प्रकार जब गोरा-बादल राजा को छुड़ाने के लिए छल की योजना बनाते हैं तो कवि उस का भी, प्राय: उसी शब्दावली में, अनुमोदन करता है। तराजू के पलड़े बराबर रहें, जायसी इस के प्रति बराबर सतर्क हैं। दोनों पक्षों की सेना की तैयारी के वर्णन में भी कवि ऐसा ही संतुलन बरतता है। लंबे चलने वाले युद्ध-प्रकरण पर टिप्पणी करते हुए कवि कहता है—

आठ बरस गढ़ छेंका अहा। धनि सुलतान कि राजा महा॥
आइ साहि अँबराउँ जो लाए। फरे झरे पै गढ़ नहिं पाए॥ (५३२)

कवि सोच नहीं पा रहा कि सुलतान को धन्य कहा जाए या राजा को बड़ा कहा जाए। दूसरी चौपाई की आचार्य शुक्ल ने विशेष रूप से सराहना की है काल-प्रवाह के सांकेतिक अंकन के लिए। यों भी घनघोर युद्ध के बीच कवि की दृष्टि अमराई को विस्मृत नहीं करती, यह आलोचक के प्रकृति-प्रेम को कहीं गहरे स्पर्श करती है।

मनुष्य और प्रकृति का आमना-सामना करने के कई ढंग हैं रचनाकारों के बीच। मनुष्य और प्रकृति का साहचर्य है, मनुष्य और प्रकृति दोनों की अपनी-अपनी क्रूरताएँ हैं, दोनों के बीच बिंब-प्रतिबिंब भाव है। इन में से रचनाकार एक या एक से अधिक ढंग अपनी दृष्टि के अनुकूल अपनाते हैं। जायसी अधिकतर दिखाते हैं कि प्रकृति कितनी शांत है, मानव-जीवन कितना कोलाहलपूर्ण और अशांत! आरंभ के लंबे वर्णन-क्रम में सिंहल-द्वीप की प्रकृति का वर्णन है। क्रम कुछ इस प्रकार है कि छंद-गुच्छ की सातों चौपाइयों में सीधा-सीधा वर्णन है उपवन का, सरोवर का, फुलवारी का, फलों का; और फिर अंत का दोहा कुछ इस प्रकार रचित है कि वहाँ पहुँच कर जैसे समूचे वर्णन को एक निष्पत्ति मिल जाती है, उस का आंतरिक अर्थ खुल जाता है। उदाहरण के लिए गुच्छ सं० २९ ले सकते हैं। तरह-तरह के पक्षी अपने-अपने ढंग से उपवन में बोल रहे हैं। कवि प्रत्येक प्रकार का नामोल्लेख करके उस के ध्वनि-वैशिष्ट्य को भी यथासंभव प्रकट करता है। और इस समूचे इतिवृत्त को परिपूर्णता मिलती है अंत के दोहे में--

जावँत पंखि कहे सब बैठे भरि अबँराउँ।
आपनि आपनि भाषा लेहिं दइअ कर नाउँ॥

यहाँ से यह उत्प्रेक्षामूलक बिंब वापस चौपाइयों में प्रसरित होकर जैसे उन्हें एक नये अर्थालोक से मंडित कर देता हो। वर्णन को बिंब की छवि देना जायसी अच्छी तरह जानते हैं, यह उन के कवि-कर्म का एक विशिष्ट पक्ष है। इस प्रकरण के अनेक दोहों की यह रचनात्मक भूमिका देखी जा सकती है।

पचास छंद-गुच्छों के बाद इक्यावनवें में पद्मावती का जन्म होता है, जहाँ से क्रम चलता है मानवीय व्यापारों का, जिस की परिणति अंत की ट्रैजडी में होती है। पर्यालोचन अंत के कुल दो दोहों की अवधि में, जहाँ इतनी बड़ी ट्रैजडी को जैसे प्रशमित किया गया हो। यह अंदर से बहुचिंतित, पर ऊपर से प्रायः अलक्षित विधान या कि ठाट है 'पदमावत' का।

'पदमावत' मूलतः मानवीय कर्म, और फिर उस की क्रिया-प्रतिक्रिया की गाथा है। नियति के संयोगों की भूमिका प्रायः नहीं है, जैसी परंपरित महाकाव्य *(रामचरितमानस)*, नाटकों *(अभिज्ञान शाकुंतल / राजा ईडिपस)*, अथवा आधुनिक उपन्यास *(डॉ० ज़िवागो)* में कुछ अलग-अलग ढंग से द्रष्टव्य है। पर कथा-संयोगों को अपनाना तो प्रकथनकार की पद्धतिक आवश्यकता है। सिंहल द्वीप का हीरामन तोता चित्तौड़ गढ़ कैसे पहुँचता है। यह स्पष्ट ही कथा को आगे बढ़ाने वाली कड़ी है, जो पद्मावती को रत्नसेन से जोड़ने वाली है। जायसी ने यहाँ चित्तौड़गढ़ के व्यापारियों के साथ एक निर्धन ब्राह्मण को साथ कर दिया है जो व्यापार के लिए सिंहल द्वीप पहुँचते हैं। अन्य व्यापारी रत्न आदि मूल्यवान वस्तुएँ खरीदते हैं, ब्राह्मण उस हाट में व्याध से बोलने वाले तोते को खरीद लेता है। और यहीं से कथा-चक्र घूमना आरंभ होता है, इसके पहले तो महज़ कथा-परिचय, भूमिका और तैयारी थी। वस्तुतः ऐसे ही संयोगों को जोड़ कर कथा सिली जाती है, जब कि नियति के बड़े संयोग इसे ऊपर से अनुशासित करते हैं, पूरे कथा-क्रम को अतिक्रमित करते हुए।

इस संदर्भ में जायसी के कवि-कर्म के कुछ व्यावहारिक पक्षों को देखना उचित होगा। उन के यहाँ परंपरित अप्रस्तुत विधान तो अपनी जगह है ही, बहुत से स्थल ऐसे हैं जहाँ वे इस प्रकार के विधान में से बिंब का रूप विकसित करते हैं। जैसा अपने सैद्धांतिक अध्ययन के कई प्रसंगों में स्पष्ट कर चुका हूँ, बिंब की अवधारणा परंपरित भारतीय काव्यशास्त्र में स्पष्ट भले न हो, बिंब प्रयोग प्राचीन कवियों में अनेक स्थलों पर मिल सकते हैं। बिंब का वैशिष्ट्य इस में है कि वहाँ अप्रस्तुत का उल्लेख तो हल्का है, कहीं संकेत भर है; पूरा बिंब बना है अप्रस्तुत पर। सामान्य चित्रात्मक वर्णन बिंब नहीं कहा जा सकता, जैसा भ्रम कई बार बड़े आलोचकों को भी हो जाता है। बिंब अनिवार्यतः अप्रस्तुत विधान है, जो प्रायः हर बार नये रूप में रचा जाता है, और इन दोनों विशेषताओं के सम्मिलित स्वरूप में पाठक या श्रोता की कल्पना को उत्तेजित भर करके उसे विविध दिशाओं में सक्रिय होने के लिए अवसर देता है। तब बिंब का यह सर्जनात्मक वैशिष्ट्य भाषिक अधिक है, आलंकारिक कम।

जायसी अपने बिंब-विधान को लोक-परंपराओं के अंतर्गत अधिकतर सुपरिचित उपकरणों के बीच से विकसित करते हैं। रत्नसेन के बंदी हो जाने के बाद पद्मावती के विलाप का प्रसंग है, कहती है—

नैन डोल भरि ढारै हिएँ न आगि बुझाइ।
घरी घरी जिउ बहुरै घरी घरी जिउ जाइ॥ ५८१

कुएँ पर मोट चल रहा है; डोल को बार-बार खाली किया जाता है, फिर दुबारा से भर कर आ जाता है। ग्रामीण जीवन के इस अत्यंत परिचित दृश्य को बिंब में ढाला गया है, पद्मावती के नेत्रों से अनवरत बहने वाले आँसुओं के लिए, जो इतनी जल-धारा के बाद भी हृदय की आग को नहीं बुझा पाते।

इसी के जोड़ का बिंब पहले आता है सिंहल द्वीप वर्णन खंड में, जहाँ जीवन-चक्र ही प्रस्तुत है। बिंब है रहँट चलने की प्रक्रिया पर। कवि कहता है—

मुहमद जीवन जल भरन रहँट घरी की रीति।
घरी सो आई ज्यों भरी ढरी जनम गा बीति॥ ४२

यहाँ दूसरी पंक्ति की 'घरी' में श्लेष भी है—रहँट की घरिया या पात्र, और दूसरे समय के संदर्भ में घड़ी। मनुष्य जीवन की नश्वरता का वर्णन है : जीवन के जल का भरना रहँट की घरिया की रीति से हो रहा है। जैसे वह घरिया भरी हुई आती है और ढल जाती है ऐसे ही जन्म भी बीत रहा है। जीवन के सबसे बड़े यथार्थ को यहाँ बड़े मार्मिक और सांकेतिक ढंग से व्यंजित कर दिया गया है। उपर्युक्त दोनों बिंब, जैसा कहा गया, सामान्य लोक-जीवन में से कवि ने विकसित किए हैं। इस प्रसंग में आचार्य शुक्ल का पर्यवेक्षण स्मरण हो आता है। 'कविता क्या है?' निबंध में वे लिखते हैं, "सारांश यह है कि काव्य के लिए अनेक स्थलों पर हमें भावों के विषयों के मूल और आदिम रूपों तक जाना होगा जो मूर्त्त और गोचर होंगे। जब तक भावों से सीधा और पुराना लगाव रखने वाले मूर्त और गोचर रूप न मिलेंगे तब तक काव्य का वास्तविक ढाँचा खड़ा न हो सकेगा।" जायसी का अधिकतर अप्रस्तुत विधान आचार्य की उपर्युक्त मान्यता का प्रबल साक्ष्य है।

कई स्थलों पर कवि एकदम सामान्य भाषा की भंगिमा में एकदम असामान्य बिंब प्रयोग ले आता है। हीरामन तोता से पद्मावती के रूप-सौंदर्य का वर्णन सुन कर राजा रत्नसेन जोगी होकर घर से निकल पड़ता है। अपनी माता, पट्टमहिषी नागमती, तथा अन्य रानियों के रोने-कलपने पर वह कुछ भी ध्यान नहीं देता। इस दृश्य का अंकन करने के बाद कवि पटाक्षेप करता है—

टूट मनै नव मोती फूट मनै दस काँच।
लीन्ह समेटि ओबरिन होइगा दुखकर नाँच॥ १३३

(नौ मन मोती टूट गए और दस मन काँच की चूड़ियाँ फूट कर बिखर गईं। सब कोठरियों में समेट कर बुहार दिया गया। दुःख का नाच समाप्त हो गया।)

जैसा पिछले कई प्रसंगों में दरसाया गया, यहाँ दोहे का एकदम अंतिम अंश—'होइगा दुख कर नाँच' लगभग पाँच छंद-गुच्छों तक चलनेवाले विलाप-प्रकरण को सहसा एक बिंब में पर्यवसान द्वारा वापस आलोकित कर देता है। 'दुःख का नृत्य' एक विरोधाभासी प्रयोग भर नहीं, दुःख की लीला का वास्तविक निदर्शन है।

ऐसा ही एक विलक्षण दृश्य कवि ने उकेरा है जब राजा के साथ सोलह हज़ार राजकुँवर जोगी होकर चित्तौड़ से निकलते हैं। उन के गेरुआ वेष का सामूहिक रूप

बीसों कोस तक फैले टेसुओं के जंगल की तरह दिखता है—

चला कटक जोगिन्ह कर कै गेरुआ सब भेसु।
कोस बीस चारिहुँ दिसि जानहुँ फूला टेसु॥ १३४

गेरुआ वस्त्र में सांसारिक भोग-विलास के प्रति विरक्ति, और टेसुओं के जंगल में जीवनोत्सव का रूप एक-दूसरे के आमने-सामने आकर जीवन के दो छोरों को दरसाते हैं, और महाकाव्य का अंतिम उद्देश्य क्या है सिवा मानव जीवन को उस की समग्रता में पकड़ने के? गेरुआ के दोनों प्रतीकार्थों के संयोजन से कवि जैसे उस रंग को अधिक प्रगाढ़ और भास्वर बनाना चाहता हो।

महाकाव्य का एक प्रिय प्रसंग शकुन-वर्णन होता है, जो मूलत: लोक-जीवन में परिव्याप्त है, पर जिसे आधार किसी सीमा तक संस्कृत ग्रंथों से मिलता है। जोगियों की यह कटक जब यात्रा के लिए निकलती है तो अनेक प्रकार के शुभ शकुन होते हैं, जिन का सांगोपांग वर्णन कवि ने किया है। कुछ ऐसी ही शकुनावली 'रामचरितमानस' के बालकांड में आती है (३०३) राम बारात के चलते समय। शकुन-वर्णन की एक आंतरिक संगति इस बात में है कि अनेक आपत्तियों-विपत्तियों के बीच यात्रा करते हुए भी मनुष्य अपनी अदम्य आशा को नहीं छोड़ता। तब यह एक प्रकार का मनोपचार भी कहा जा सकता है मानवीय जिजीविषा को दृढ़ करने के लिए। शकुन-विचार के साथ-साथ यात्रा-विचार भी वर्णित हुआ है (३८२)।

'प्रेम की पीर' का अंकन करने वाले 'पदमावत' में प्रेम के विविध अप्रस्तुत और बिंब परिव्याप्त हों तो यह स्वाभाविक है। इस अप्रस्तुत और बिंब-विधान का एक स्रोत तो प्रचलित कवि-समयों में है, दूसरी ओर कवि स्वयं नयी उद्भावनाएँ करता चलता है। रत्नसेन के पत्र का उत्तर जब पद्मावती लिखती है (२३४) तो वह प्रेम के प्रचलित उपमानों का उल्लेख एक साथ कर देती है : भौंरा-केतकी, पतंग-दीपक, मरजिया-समुद्र, स्वाति-सीप, चातक-मेघ, चकवा-चकई आदि सभी युग्म उसे स्मरण हो आते हैं। दूसरी ओर, पिता द्वारा रत्नसेन को बंदी बना लेने का ज्ञान जब पद्मावती को होता है तो एक बड़ा कोमल चित्र उस की मनोदशा का कवि उकेरता है—

राता बरन गएउ होइ सेता। भँवति भँवर रहि गई अचेता॥
चितहि जो चित्र कीन्ह धनि रोवँ रोवँ रंग समेटि।
सहस साल दुख आहि भरि मुरुछि परी गा मेंटि॥ २४७

वासुदेवशरण अग्रवाल अपनी व्याख्या में टिप्पणी करते हैं, ''पद्मावती का रंग श्वेत पड़ गया। इस पर कवि की कल्पना है कि उस ने रत्नसेन का चित्र लिखने में अपने प्रत्येक रोम का रक्त समेट लिया था। उन्हीं के रोम कूपों या छेदों से दु:ख उमड़ कर भीतर भर गया, जिसने पहले उसे मूर्च्छित किया और फिर मन में लिखे हुए चित्र को मिटा दिया।'' कहना न होगा, परंपरा और व्यक्तिगत प्रतिभा की अंतर-क्रिया में ऐसा उत्कृष्ट कवि-कर्म संभव होता है।

दो शब्द पद्मावती के संदर्भ में षट् ऋतु वर्णन, और उस की विलोम छवि नागमती के बारहमासे के लिए कहना होगा। षट् ऋतु वर्णन संयोग का ऐश्वर्य है, बारहमासा वियोग की विपन्नता। एक का स्रोत शिष्ट परंपरा है, दूसरा लोक-जीवन से जुड़ा है। विरह में बारहमासा का औचित्य शायद इसलिए है कि इस अवधि में एक-एक महीना मुश्किल से कटता है, जब कि संयोग की ऋतुएँ प्रीतिकर होने के कारण ठहरती जान पड़ती हैं, या कि उन का थमना अच्छा जान पड़ता है। जायसी ने प्रकृति के चित्र इन विरोधी मन:स्थितियों के अनुकूल उकेरे हैं, और उन का पद्मावती तथा नागमती की अपनी पारिवारिक स्थिति से पूरा मेल बैठता है। बारहमासे में पौराणिक विरह और छल के संदर्भ एक ओर हैं, दूसरी ओर है सामान्य नारी की व्यथा-कथा, जिस में उस का व्यक्तिगत कष्ट तो है ही पूरे परिवार की विडंबना भी वर्णित है। यह जैसे उत्तरी भारत की सामान्य गृहस्थ-गाथा है।

पद्मावती-नागमती संदर्भ में एक नाजुक प्रसंग आता है जब ये दोनों सपत्नियाँ, पद्मावती के साथ रत्नसेन के चित्तौड़ आगमन पर आपस में तीव्र विवाद में उलझ जाती हैं (४३३-४४५)। कई बार तो श्लिष्ट प्रयोगों के सहारे वे प्रशंसा और निंदा की दुहरी भाषा बोलती हैं, पर कई बार सीधे प्रखर वाग्युद्ध में उतर आती हैं। कवि ने यहाँ बड़ी कुशलता के साथ दोनों के बीच वाटिका का रूपक रक्खा है। शृंगार और खुले रति-प्रसंग जो सौतों के ऐसे वार्तालाप में सहज संभाव्य हैं, इस सांकेतिक शैली के प्रयोग से बाल-बाल बचाए जा सके हैं। ऐसे प्रसंगों को पहले तो अवतरित करने का साहस, और फिर उन्हें सुरुचिपूर्ण ढंग से निभा ले जाना जायसी ऐसे समर्थ कवि के ही योग्य है।

'पदमावत' उत्तरार्द्ध में जायसी ने राघव चेतन के माध्यम से पंडित और महाकवि की व्याख्या प्रस्तुत की है (४४९)। राघव भले किसी क़दर विपथगामी हो गया हो, पर उस की व्याख्या अपनी जगह अटल है। पंडित के लिए उस का मानना है—पंडित सो जो बेद मति साजा। फिर महाकवि के लिए वह कहता है—

कबि सो पेम तंत कबिराजा। झूँठ साँच जेहि कहत न साजा॥

महाकवि वही है जो प्रेम-तत्त्व के अनुसार काव्य-रचना करे और जिसे झूठ सच कहने में आसक्ति न हो। अपनी इस कसौटी पर जायसी पूरी तरह खरे उतरते हैं : उनका काव्य 'प्रेम की पीर का काव्य है', और वे बिना पक्षधर हुए अपना अंकन करते हैं। उन में भावुकता, सहृदयता पूरी है, आसक्ति किसी तरफ़ नहीं। इस रूप में वे सच्चे महाकवि, महान् कवि हैं।

४

सूर : भक्ति में जीने की चाह

सूर के काव्य में कृष्ण-भक्ति, काव्य और संगीत की ऐसी त्रिवेणी है, जिस के प्रवाह ने व्यापक धार्मिक असहिष्णुता के उस कठिन समय के बीच, रामचंद्र शुक्ल की शब्दावली में कहें तो 'जीने की चाह बनी रहने दी।' सूफ़ी काव्य ने यदि हिंदुओं को अपनी ओर आकृष्ट किया तो कृष्ण भक्ति काव्य ने मुसलमानों को। तब समझ में आता है कि 'भक्ति धर्म की रसात्मक अनुभूति' किस प्रकार है, और कैसे भक्ति-भाव काव्य की प्रेरक शक्ति बनता है, न कि सीधे धर्म या कि मतवाद।

हिंदी साहित्य का केन्द्र परिवार का जीवन रहा है, जो एक प्रकार से आदि महाकाव्यों—रामायण तथा महाभारत—की परंपरा से सीधा चला आता है। हिंदी रचनाकार मूलत: परिवार में विकसित जीवन-मूल्यों को सँजोकर रखता है। 'पदमावत' तथा 'रामचरितमानस' का विधान इन्हीं जीवन-मूल्यों की सुरक्षा में तत्पर है। परिवार का एक मुख्य आकर्षण वहाँ पनपने वाला बाल्य जीवन है, जहाँ वयस्कों के तनाव भी जैसे शमित हो जाते हों। गृहस्थ घर की पूरी दिनचर्या बालकृष्ण के निमित्त से अंकित हुई है सूरसागर में। फिर सूरदास की भाषा में बोलचाल का संस्कार ऐसा गहरा है जिस से उन का गृहस्थ--जीवन का चित्रण अपने आप में प्रामाणिक दिखता है। कुल मिला कर, सूर इस बाल्य जीवन के अद्‌भुत चितेरे हैं। कला और सहजता का विलक्षण संयोग इस चित्रण में हुआ है, जो कि यहाँ की संदर्भगत रचनात्मक आवश्यकता है। इस क्रम में लगेगा कि सारे अलंकारों का चरम साध्य स्वभावोक्ति हो जाना है।

सूर के अनलंकृत पद प्राय: हर प्रसंग में—विनय, बाल-वर्णन, मुरली विषयक तथा अन्यत्र भी—अलंकृत पदों की तुलना में अधिक काव्यात्मक बन पड़े हैं। कहना न होगा, सामान्य जन के बीच ये पद ही विशेष रूप से प्रचलित हैं। दूसरी ओर, ये विविध वर्णन-क्रम 'सूरसागर' को एक मुक्तक-प्रबंध का रूप देते हैं, जहाँ मुक्तक-पदों का विन्यास कुछ ऐसे हुआ है कि एक सूक्ष्म कथा का ताना-बाना अपने आप फैल गया है। प्रबंध में यदि कथा का विन्यास संभव होता है तो मुक्तक की सुविधा है कि एक ही चरित्र या कि उपकरण को लेकर विविध प्रकार की—कभी-कभी परस्पर विरोधी भी—प्रतिक्रियाओं का अंकन वहाँ बन पाता है। भगवान के प्रति भक्त, बाल कृष्ण के प्रति यशोदा की समवयस्क ग्वालिन, मुरली को लेकर गोपियों का आकर्षण फिर खीज, उदासीनता, विरक्ति—के विविध भाव अलग-अलग भंगिमाओं में इस विधान के अंतर्गत उकेरे जा सके हैं। लक्षित करने की बात यह भी है कि जिन मुक्तक-पदों का

अनलंकृत विधान है, वहाँ ब्रज की सहज बोलचाल एक-एक चेष्टा में रसी-बसी है, जब कि अलंकृत पदों में तत्सम शब्दावली का पूरा दबाव है। यों, वर्ण्य विषय, भाषिक संस्कार तथा अप्रस्तुत विधान का स्वरूप—सब एक-दूसरे के मेल में चलते हैं। सूर में कला और अकला एक-दूसरे से होड़ लेती लगती हैं। अलंकारों का पंक्तिबद्ध अभ्यास-क्रम एक ओर है, जैसे—'उपमा हरि-तनु देखि लजानी' या कि 'मुख पर चंद डारौं वारि', तो दूसरी ओर है निपट अनलंकृत काव्य-विधान, जैसे—मुरली-प्रसंग में 'मेरे दुख कौ ओर नहीं।' अथवा दान-लीला के अंतर्गत—'कोउ माई लैहै री गोपालहिँ'। एक अनुमान यह हो सकता है कि अलंकृत पदों की रचना रसिक-समाज के बीच गायन के लिए विशेष रूप से हुई हो, जब कि सीधे-सादे अनलंकृत पद सामान्य जन के आस्वादन के लिए हों। जो भी हो, सूर-काव्य की ये दोनों धाराएँ 'सूरसागर' में आदि से अंत तक देखी जा सकती हैं। कवि के अप्रस्तुत विधान की आशंसा में हजारीप्रसाद द्विवेदी की उत्प्रेक्षामूलक उक्ति स्मरणीय है—"सूरदास जब अपने विषय का वर्णन शुरू करते हैं तो मानों अलंकारशास्त्र हाथ जोड़ कर उन के पीछे दौड़ा करता है। उपमाओं की बाढ़ आ जाती है, रूपकों की वर्षा होने लगती है।" (**हिंदी साहित्य की भूमिका**) अलंकार-विधान के विवेचन में वर्षा का यह रूपक निश्चय ही उपयुक्त है; पर अपने अनलंकृत, सहज काव्य में 'सूरसागर' वस्तुतः सागर है मर्यादित और प्रायः शांत, बाढ़ और वर्षा से निरपेक्ष!

इन विरोधी काव्य-विधानों को साध सकने की क्षमता में सूर कवित्व की विराटता आसानी से परिलक्षित हो जाती है। अनलंकृत काव्य-विधान भाषा के सामान्य व्याकरणिक रूपों को अनायास अपने तुक-लय-विधान में समेट लेता है—'मैया बहुत बुरौ बलदाऊ...सूरदास बल बड़ौ चबाई, तैसेहिँ मिले **सखाऊ**॥' और सूर का अलंकार-विधान कितना आयासहीन है, इस का उल्लेख तो हजारीप्रसाद द्विवेदी के साक्ष्य से अभी हुआ ही है।

सूर-काव्य का विवेचन करते हुए आचार्य शुक्ल ने उन की मौलिक उद्भावना शक्ति की कई संदर्भों में सराहना की है। इस स्तर पर आलोचक ने उन्हें अपने प्रिय कवि तुलसी से कुछ ऊँचा ही माना है। महत्त्वपूर्ण यह भी है कि यह निर्णय उन्होंने सूर और तुलसी दोनों के अलग-अलग विवेचन-क्रम में यथावत् रक्खा है। सूर के प्रसंग में वे लिखते हैं—"सूर की बड़ी भारी विशेषता है नवीन प्रसंगों की उद्भावना। प्रसंगोद्भावना करने वाली ऐसी प्रतिभा हम तुलसी में नहीं पाते।" ('इतिहास') और ठीक ऐसा ही पर्यवेक्षण तुलसी के संदर्भ में किया गया है।

उद्भावना वस्तुतः कल्पना, तर्क और सामान्य पर्यवेक्षण-क्षमता का मिला-जुला रूप कही जायेगी। सूर के यहाँ उद्भावना कवि-कर्म का प्रधान अंग दोनों संदर्भों में है—अनलंकृत काव्य-विधान में भी और अलंकृत काव्य-विधान में भी। कहना न होगा, दोनों स्थितियों में उद्भावना की दिशाएँ अलग-अलग हो जाती हैं।

उद्‌भावना-क्षमता के उदाहरण बाल-लीला, शृंगार-प्रकरण, मुरली या नेत्र संबंधी उक्तियों में दोनों प्रकार के मिल जाते हैं, जब कि वात्सल्य-प्रसंग अधिकतर स्वभावोक्ति की ओर झुके हुए हैं *(इक दिन नंद चलाई बात/सँदेसौ देवकी सौं कहियौ)*। और ऋतु या उत्सव-वर्णन अप्रस्तुत विधान पर आधारित अधिक हैं *(आजु घन स्याम की अनुहारि/झूँमक सारी तन गौरैं हो)*। एक मोटा विभाजन कुछ यों हो सकता है कि स्थिर सौंदर्य वर्णन-चाहे मानवीय या कि प्राकृतिक—आलंकारिक हैं, और चेष्टा-वर्णन—चाहे बाल-प्रसंग में अथवा शृंगार-लीला में—सहजता लिए हुए हैं। इस क्रम में जोड़ा जा सकता है कि पहले प्रसंग प्राय: तत्सम नामवाची शब्दावली लिए चलते हैं, जब कि दूसरी तरह के प्रसंग तद्‌भव क्रियावाची पदों से युक्त हैं।

हिंदी भक्ति-काव्य, विशेषत: कृष्णभक्ति-काव्य को परंपरा से बहुत कुछ दाय मिला है। ऐसे में कवि की उद्‌भावना शक्ति ही उसे पिष्ट-पेषण से बचा सकती है। यों परंपरा से चले आते प्रसंगों को कवि ने अपनी सूझ-बूझ से सँवारा है। जल-क्रीड़ा वर्णन शृंगारिक प्रकरणों का एक प्रिय विषय रहा है। पद्मिनी और उस की सखियों की जल-क्रीड़ा 'पदमावत' में जायसी ने बड़ी रुचि लेकर, अपेक्षया विस्तार में अंकित की है। सूर का वर्णन जायसी जैसा उघरा, उन्मुक्त नहीं; यहाँ एक प्रकार से अलंकारों का आच्छादन कवि की अपनी युक्ति है। आध्यात्मिक संकेत जायसी में भी है, पर सूर की चीरहरण लीला तो पूरी तरह आध्यात्मिक स्तर को भौतिक से मिला कर चलती है। चीर मानवीय शरीर के लिए अभिप्राय जैसा है। जैसा कहा गया, कल्पना, तर्क और पर्यवेक्षण यहाँ सब एक दूसरे में घुल-मिल गए हैं। इस उद्‌भावना शक्ति से ही संभव है कि सूर ने एक-एक प्रकरण पर सैकड़ों पद कहे हैं, पर उबाने वाली पुनरावृत्ति से बच कर। मिलते-जुलते अप्रस्तुत विधान में भी कवि कोई एक तत्त्व ऐसा जोड़ देता है कि समूचे वर्णन का परिप्रेक्ष्य बदल जाता है। 'देखियत कालिंदी अति कारी' के सांग रूपक की भंगिमा बदल जाती है गोपी की सीधी उक्ति से—'सूरदास प्रभु जो जमुना गति सो गति भई हमारी', जो पद की अंतिम पंक्ति है।

मुक्तक प्रबंध होने के नाते 'सूरसागर' में कवि को यह विशेष सुविधा रही है कि राधा-कृष्ण के प्रेम की विविध स्थितियों का सूक्ष्म-संवेदनशील विकास-क्रम यहाँ बड़ी सावधानी के साथ, अलग-अलग यद्यपि कि एक ढीले बंधान में, अंकित हुआ है—प्रथम दर्शन से लेकर *(प्रथम सनेह दुहुँनि मन जान्यौ)* अंत में कुरुक्षेत्र मेले के अवसर पर कृष्ण के सान्निध्य में राधा-रुक्मिणी भेंट तक *(रुकमिनि राधा ऐसे भैंटी)*। 'पदमावत' के मसनवी शैली के प्रबंध से 'सूरसागर' के मुक्तक प्रबंध का यह अपना वैशिष्ट्य है, जिसकी सुविधा-असुविधा अपनी जगह है। 'प्रेम की पीर' *(सुना जो पेम पीर गा पावा)*, और 'बिरह-पीर' *(जाहि लगै सोई पै जानै, बिरह-पीर अति भारी)* के यों दोनों अपने-अपने ढंग के प्रकथन हैं। जिस बिंदु पर अपरिपूर्ण प्रेम के रूप में उक्त प्रसंग संपन्न होता है वहाँ उन्मुक्त रोमांस और पारिवारिक प्रणय जैसे एक-दूसरे में गुँथ गए हों। पाना और खोना यहाँ दोनों एक दूसरे में मिले हुए हैं। इस से बड़ा मानवीय यथार्थ क्या हो सकता है, और आध्यात्मिक सत्य भी! यह पाना और खोना

'रामचरितमानस' के समापन में भी है, जहाँ कड़े संघर्ष और युद्ध के बाद सीता को घर लाकर राम उन्हें फिर अंततः खो देते हैं। 'पदमावत' की गाथा भी बहुत कुछ ऐसे ही पूरी होती है : रत्नसेन दिल्ली की कठिन कैद से छूट कर एक सामान्य प्रतिद्वन्द्वी देवपाल के हाथों मारा जाता है, और पद्मिनी नागमती के साथ सती हो जाती है। 'सूरसागर' के समापन में राधा-माधव की भेंट होती है, पर फिर से बिछुड़ने के लिए—

राधा माधव भेंट भई।

*　　　　　　*　　　　　　*

बिहँसि कह्यौ हम तुम नहिँ अंतर, यह कहिकै उन ब्रज पठई।

सूरदास प्रभु राधा माधव, ब्रज-विहार नित नई नई॥

प्रेमियों की यह सनातन नियति है कि वर्तमान में विलग होकर वे अनंत भविष्य में एक-दूसरे से मिलते हैं। इस बिंदु पर भक्त, और हजारीप्रसाद द्विवेदी के प्रिय प्रयोग में—'सैकुलर' कवियों की दृष्टि एक जैसी है। यह अवश्य है कि भक्त को आस्तिकता का सहारा है जो अन्यों को सुलभ नहीं। नास्तिक के लिए प्रेम वस्तुतः 'आग का दरिया' है जिसमें 'डूब के जाना' है। इस स्थिति के निराकरण में यदि प्रेम, भक्ति और अध्यात्म एक-दूसरे में मिल जाते हैं तो यह उचित ही है, जो रास्ता भक्त कवियों ने अपने लिए चुना।

'सूरसागर' ब्रज भूमि की विराट् प्रकृति के बीच विकसित ऐसी ही प्रेम-गाथा है। तब उस का विधान मुक्तक प्रबंध के रूप में ठीक रचा गया है, जहाँ पहले संकेतित मुक्तक और प्रबंध दोनों का वैशिष्ट्य समोया हुआ है। बाल कृष्ण का क्रमिक आयु-वर्द्धन, तथा युवा कृष्ण की प्रेम-लीला का विकास—ये दोनों विकास-क्रम 'सूरसागर' को एक उन्मुक्त प्रबंध का रूप दे देते हैं। विविध पदों में बाल कृष्ण के जन्म से लेकर नंद-यशोदा के पास बीते बारह वर्ष के आयु-क्रम तथा तत्संबंधी घटनाओं-उत्सवों *(एक पाख त्रय मास को मेरा भयौ कन्हाई, कान्ह कुँवर की करहु पासनी कछु दिन घटि षट मास गए, पाँच बरस को मेरौ कन्हैया, पाँच बरष अरु कछुक दिननि कौं, बैठे खेलत द्वार आपनैं सात बरस के कुँवर कन्हाई, बारह बरस दियौ हम ढीठौं)* के संकेत कवि ने सोच-समझ कर विन्यस्त किए हैं, इस महत्त्वपूर्ण युक्ति की ओर ध्यान सूर-साहित्य के विशेषज्ञ पं० उमाशंकर शुक्ल तथा डॉ० ब्रजेश्वर वर्मा ने अपने अध्ययनों में दिलाया है। इस कथा-क्रम के अंतर्गत ही 'सूरसागर' का विधान-वैशिष्ट्य उजागर होता है। स्पष्ट ही यह काव्य-विधान कबीर-जायसी, तथा परवर्ती तुलसी और मीराँ से एकदम अलग है। फिर संगीत के सजग सहयोग में इस की प्रभविष्णुता और बढ़ जाती है, जहाँ तुक और लय-व्यवस्था पूरी तरह निर्दोष हुई है। प्रेम-लीला का सूक्ष्म कथा-क्रम दरसाने के लिए एक ही उदाहरण पर्याप्त होगा। अपनी युवावस्था के आरंभिक दिनों में गोपियाँ कृष्ण की मुरली से ईर्ष्या करती हैं, उसे सपत्नी जैसा मानती हैं कि कृष्ण हर समय उस के अधिकार में रहते हैं, और वह सतत उन का अधर-रस पान

करती है *(मुरली तऊ गुपालहिँ भावति, मुरली कहै सु स्याम करैं री)*। वही मुरली जब कृष्ण मथुरा चले जाते हैं तो गोपियों की विरहावस्था में उनकी सखी बन जाती है, कृष्ण और गोपियों को जोड़नेवाली कड़ी के रूप में याद आती है—

परेखौ कौन बोल कौ कीजै।

*　　　　*　　　　*

बिसर्‌यौ सुख नातौ गोकुल को, और हमारे अंग।
सूर स्याम वह गई सगाई, वा मुरली के संग॥

क्योंकि मथुरा जाने पर गोपियाँ और मुरली दोनों कृष्ण की ओर से परित्यक्ता हो गई हैं तो पुरानी ईर्ष्या-पात्र मुरली अब गोपियों के लिए स्नेह और सहानुभूति की पात्र हो गई है। यहाँ महज़ स्थूल घटना-क्रम का वर्णन नहीं, उस से जुड़े सूक्ष्म भाव-लोक में परिवर्तन का अंकन भी हुआ है।

भक्ति-काव्य-परंपरा के विवेचन में निर्गुण-सगुण का मत पार्थक्य बहुत बार उठाया जाता है, आचार्य शुक्ल के 'इतिहास' ने जिसे और संपुष्ट कर दिया है। यहाँ समझना होगा कि यह विभाजन अध्ययन के संदर्भ में व्यावहारिक अधिक है, तात्त्विक कम। इस प्रसंग में सूरसागर की आरंभिक प्रतिज्ञा बहुत स्पष्ट है—

अबिगत-गति कछु कहत न आवै।

*　　　　*　　　　*

रूप-रेख-गुन-जाति जुगति-बिनु निरालंब कित धावै।
सब बिधि अगम बिचारहिँ तातैं सूर सगुन-पद गावै॥

कथा के स्तर पर यदि 'सूरसागर' कृष्ण-लीला का गायन है, तो वस्तु के स्तर पर यहाँ निर्गुण-सगुण की बहस, और अंततः सगुण की विजय को दरसाया गया है। उपर्युक्त काव्य-प्रतिज्ञा निर्भ्रांत रूप में कहती है कि परम तत्त्व वस्तुतः तो निर्गुण ही है, पर भाषिक विवशता उसे सगुण बना देती है। याद करें विटगैंस्टाइन को : **जिस के बारे में कुछ कह नहीं सकते उस के बारे में मौन का अवलंबन उचित होगा।** पर जहाँ दार्शनिक पराजित अनुभव करता है, वहाँ कवि अपना कुछ रास्ता निकाल लेता है। कवि की प्रतिज्ञा के बाद काव्य कृष्ण-लीला गायन का रास्ता ले लेता है।

फिर निर्गुण-सगुण बहस की प्रस्तावना स्वयं कृष्ण उपस्थित करते हैं, जब वे ज्ञानी सखा उद्धव को अपना दूत बना कर गोपियों के पास ब्रज भेजने की योजना बनाते हैं। इस युक्ति में उन का दुहरा उद्देश्य सधता है—एक तो नंद-यशोदा, और गोपियों के पास कुशल-संदेश पहुँचता है, दूसरी ओर ज्ञान-गर्व में लीन उद्धव का अहंकार टूटता है। कृष्ण जैसे लीला-पुरुष के यह सर्वथा योग्य है। हल्के व्यंग में डूबा प्रस्तावना का यह पद यों है—

जदुपति जानि उद्धव रीति।
जिहिँ प्रगट निज सखा कहियत, करत भाव अनीति।
बिरह दुख जहँ नाहिँ नैकहुँ तहँ न उपजै प्रेम।
रेख, रूप न बरन जाकैं, इहिँ धर्‌यौ वह नेम॥
त्रिगुन तन करि लखत हमकौं ब्रह्म मानत और।

बिना गुन क्यौं पुहुमि उधरै, यह करत मन डौर॥
बिरस रस के मंत्र कहिए क्यौं चलै संसार।
कछु कहत यह एक प्रगटत, अति भर्‍यौ अहँकार॥
प्रेम भजन न नैंकु याकौं, जाइ क्यौं समुझाइ।
सूर प्रभु मन यहै आनी, ब्रजहिं देउँ पठाइ॥

निर्गुण-सगुण बहस की यों प्रस्तावना बन जाती है, जिस की पदावली 'रेख, रूप न बरन जाकैं' सीधे आरंभ की प्रतिज्ञा से जुड़ी है—'रूप-रेख-गुन-जाति जुगति-बिनु'। उद्धव का मार्ग ज्ञान और योग का है, कृष्ण का है प्रेम का, जिसे उद्दीप्त करने के लिए संयोग के साथ-साथ विरह भी अपेक्षित है। फिर 'भ्रमरगीत' के अनेक मार्मिक पदों में ब्रजवासियों और उद्धव के बीच चली बहस के बाद उस की तार्किक परिणति आती है जब उद्धव मुक्त कंठ से अपनी पराजय स्वीकार करते हैं। निष्पत्ति का यह प्रसिद्ध पद है—

अब अति चकितवंत मन गेरौ।
आयौ हो निरगुन उपदेसन, भयौ सगुन कौ चेरौ॥
*　　　　*　　　　*
सूर मधुप उठि चले मधुपुरी, बोरि जोग कौ बेरौ॥

प्रतिज्ञा-प्रस्तावना-युक्ति और निष्पत्ति—एक पूरा तार्किक क्रम है अत्यंत सघन भावनात्मक पदों का। जैसा कहा गया, रचना का ऐसा बंधान अपने में अतुलनीय है।

वस्तुत: समूची भारतीय परंपरा में ही—वैदिक वाङ्मय से लेकर, शंकराचार्य होते हुए, विवेकानंद तक—अद्वैत और भक्ति के विलक्षण संयोग मिलते हैं। सूर का 'भ्रमरगीत' इस क्रम में दर्शन और काव्य का अनुपम संयोग है। तब निर्गुण-सगुण को लेकर यहाँ लंबी-चौड़ी शास्त्रीय बहस के लिए कोई स्थान नहीं रह जाता। तत्त्व-चिंतन के रूप में अद्वैत, व्यवहार जगत में भक्ति—यह द्वैत ही भक्त-कवियों द्वारा अधिकतर साधा गया है, क्योंकि द्वैत में प्रेम और सौंदर्य-चित्रण की संभावनाएँ अधिक हैं।

अद्वैत और भक्ति को साथ-साथ स्वीकार करने पर, भक्त कवियों ने सगुण रूप में अलग-अलग इष्ट देव मानते हुए भी राम और कृष्ण की अवतार-रूप में तात्त्विक एकता पर बल दिया है। यह अकारण नहीं कि मुख्यत: कृष्ण-लीला के गायक सूर—भले प्रतीकात्मक रूप में—कुछ पद रामचरितविषयक भी रचते हैं, और इधर 'रामचरितमानस' के कवि तुलसी 'कृष्णगीतावली' लिखते हैं। यह काव्यात्मक सौजन्य-शिष्टाचार भर नहीं, कवि की रचनात्मक आस्था का विस्तार है। वस्तुत: राम-कृष्ण की एकरूपता की भावना दक्षिण से आलवार भक्तों के समय से चली आती है। जैसा इस अध्ययन के आरंभिक परिच्छेद में दिखाया गया है, आलवारों के अनेक पदों में कवियों ने जैसे सजग रूप से, राम-कृष्ण की वर्णनात्मक एकता प्रदर्शित की है। स्पष्ट ही भक्ति-काव्य में, केवल भक्ति तत्त्व को छोड़ कर, किसी और प्रकार की एकांतिकता को प्रश्रय नहीं दिया गया। स्वयं सूर ने राम और कृष्ण की एकता का संदर्भ बड़े कोमल और मार्मिक रूप में उठाया है। बाल कृष्ण को सुलाने का उपक्रम चल रहा है,

यशोदा उन्हें राम-कथा सुना रही हैं—'सुनि सुत, एक कथा कहौं प्यारी'। कथा का समापन होता है—

रावन हरन-सिया कौ कीन्हौ, सुनि नँद-नंदन नींद निँवारी।
चाप चाप, कहि उठे सूर प्रभु, लछिमन देहु, जननि भ्रम भारी॥

अधसोए बालकृष्ण को पिछला राम-अवतार स्मरण हो आता है, और वे तन्द्रा में छोटे भाई लक्ष्मण से राक्षसों के वध के लिए अपना धनुष माँगने लगते हैं। माँ यशोदा तब स्वभावत: यह सुन कर चकित-विभ्रमित हो जाती हैं।

सूरदास की उद्‌भावना-क्षमता बहुत बार घटना-प्रसंगों के स्तर पर और बहुत बार उनके सूक्ष्म व्यंग में से उपजती है। कहना न होगा, मार्मिकता का समावेश अधिकतर यहीं होता है। सूर संभवत: अकेले ऐसे कवि हैं जिन के यहाँ व्यंग से गंभीर कविता बनती है। व्यंग का प्रकार्य, विशेषत: 'भ्रमरगीत' प्रसंग में, विनोद की सृष्टि नहीं, करुणा की प्रतीति है। व्यंग तब काव्य का विषय न होकर, उस की प्रक्रिया बनता है। यहाँ उदाहरण के लिए एक पद पूरा उद्‌धृत करना होगा। संदर्भ स्वभावत: गोपियों का संदेश है कृष्ण के लिए, उन्हें 'पटरानी' कुब्जा सहित ब्रज में कुछ दिन रहने को निमंत्रित करते हुए—

कहियो ठकुराइति हम जानी।
अब दिन चारि चलहु गोकुल मैं सेवहु आइ बहुरि रजधानी॥
हम कौं हाँस बहुत देखन की, संग लियैं कुबिजा पटरानी।
पहुनाई ब्रज कौ दधि माखन, बड़ौ पलँग अरु तातौ पानी॥
तुम जनि डरौ उखल तौ तोर्‌यौ, दाँवरिहूँ अब भई पुरानी।
वह बल कहाँ जसोमति कैं कर, देह रावरैं सोच बुढ़ानी॥
सुरभि बाँटि दई ग्वालनि कौं, मोर चन्द्रिका सबै उड़ानी।
सूर नंद जू के पालागौं, देखहु आइ राधिका स्यानी॥

यहाँ कृष्ण को मिली मथुरा की नयी-नयी 'ठकुराइति', और गोकुल के पुराने निपट ग्रामीण परिवेश को आमने-सामने कर देने मात्र से गहरा व्यंग उभरता है, ऐसा व्यंग जो हमें गुदगुदाता नहीं, सूक्ष्म करुणा की सृष्टि करता है। एक-एक शब्द प्रयोग और संदर्भ कृष्ण की पुरानी शरारतों, और उन्हें इस के लिए दिए दंड को स्मरण कराते हुए, उन के नये राजकीय परिवेश से उन्हें टकराते हैं। वर्ण्य प्रसंगों में जो शरारत है, उससे कहीं अधिक शब्दों की भंगिमा में है। अंतिम पंक्ति में वयस्संधि पार हुई 'राधिका स्यानी' का संदर्भ जैसा कुशल है वैसा ही कारुणिक भी, विशेषत: 'कुबिजा पटरानी' के सामने। 'बड़ौ पलँग' सूक्ष्म रूप में कुब्जा की शारीरिक वक्रता की ओर संकेत करता है विनोद की मुद्रा में।

यों कुल मिला कर एक-एक प्रसंग अलग और अपने विधान में समूचा पद, सूक्ष्म व्यंग की भंगिमा एक ओर लिए है, तथा दूसरी ओर गोपियों की अवशता और दीनता

को उन की करुणा में उजागर करता है। व्यंग और करुणा आमने-सामने आकर एक-दूसरे को पैना बनाते हैं। कबीर के व्यंग में तीखापन अधिक है सूर के व्यंग में पैनापन। ऐसा शायद इसलिए हो कि कबीर के व्यंग का समग्रत: लक्ष्य सामाजिक रूढ़ियाँ हैं, जब कि सूर का लक्ष्य हैं दार्शनिक मतवाद। सूर के काव्य में विरल स्थलों पर जहाँ व्यंग की संभावना या कि अपेक्षा नहीं है, वहाँ कवि सीधे-सीधे इतिवृत्त से काम चलाता है, जैसे रुक्मिणी परिणय का प्रसंग या कि बलभद्र की ब्रज-यात्रा। यहाँ छंद-लय की सजग अवहेलना करके इतिवृत्त-वर्णन जैसे जल्दी-जल्दी आगे आ जाता है। रुक्मिणी-परिणय का इतिवृत्त मानो काम आता है जब कवि अंत में राधा-रुक्मिणी की भेंट कुरुक्षेत्र में दिखाता है—

रुकमिनि राधा ऐसैं भैंटी।
जैसे बहुत दिननि की बिछुरी, एक बाप की बेटी॥

यों, रुक्मिणी का चरित्र महज़ इतिवृत्त से आगे काव्य-संस्पर्श पाता है राधा के संपर्क में।

यहाँ सूर की काव्यभाषा की बनावट में बिंब-विधान के योग-दान का कुछ विवेचन प्रासंगिक होगा। बिंब-प्रक्रिया भले भारतीय काव्यशास्त्र में अवधारणा के रूप में न आई हो, पर बिंब-प्रयोग कई रूपों में हमारे कवियों में द्रष्टव्य है। सूर इस क्षेत्र में अग्रणी हैं। रचना की भाषिक प्रक्रिया में बिंब की क्षमता जटिल अनुभूतियों के सूक्ष्म अंकन में अच्छी तरह समझी जा सकती है। बिंब की मुख्य प्रक्रिया दृश्य तत्त्वों को उभारने में उतनी निहित नहीं जितनी कि किसी जटिल और गतिशील भाव-चक्र को अर्थ की द्वन्द्वात्मक शक्ति से परिचालित कर देने में है। इसी माने में बिंब मूलत: दृश्य-चित्रण से अधिक, अर्थ-संश्लेष है। गोपी के प्रणय की आकुलता का अंकन सूर यों करते हैं—

सदा रहै मन चाक चढ्यौ, सो और न कछू सुहाइ
करत उपाइ बहुत मिलिबे कौं, यहै बिचारत जाइ
सूर सकल लागत ऐसीयै, सो दुख कासौं कहिये
ज्यौं अचेत बालक की बेदन, अपनैं ही तन सहिये॥

(सूरसागर-सार : ४-५७)

यहाँ पहली पंक्ति में प्रेमी मन की अस्थिरता और व्याकुलता को व्यक्त करने के लिए पहले घूमने वाले चाक का एक प्रचलित अप्रस्तुत लिया गया है। पर बहुप्रचलित और किसी क़दर रूढ़ होने के कारण यह अप्रस्तुत फिर बिंब के रूप में संक्रमित नहीं हो पाता, यद्यपि मन की सूक्ष्म प्रक्रिया को रूपायित करने के लिए वह एक उचित दृश्य उपकरण है। अर्थ-संश्लेष के रूप में बिंब की असली शक्ति अंतिम पंक्ति में अनुभूत होती है। मन की व्याकुलता, जिसे चुपचाप अपने आप सहना है, को अंकित करने के लिए पीड़ित पर अचेत बालक का बिंब विकसित किया गया है। इस बिंब में सारी स्थिति की पीड़ा, निरीहता, निर्दोषता और साथ ही अवशता का जो द्वन्द्व एक साथ

उभरता है, वह गोपियों के सरल, निश्छल पर मर्मांतक पीड़ा देने वाले प्रणय को पूरी बारीकी और सुकुमारता में अंकित कर देता है, और अर्थ-प्रक्रिया कहीं, पूरी होकर ख़त्म होती नहीं जान पड़ती वरन् निरंतर विकसनशील लगती है। पहली और चौथी पंक्ति का अंतर यहाँ स्पष्ट हो जाता है। 'सदा रहै मन चाक चढ़्यौ' में एक बहुप्रचलित अप्रस्तुत होने के कारण अर्थ की सूक्ष्मता और गति नहीं है। घूमने की एक ही क्रिया को संकेतित करने के कारण यहाँ अर्थ का द्वन्द्व नहीं चलता। 'चाक चढ़्यौ' इसीलिए बिंब नहीं बनता, एक मुहाविरा जैसा होकर रह जाता है, जिस में दृश्यमयता है, संश्लिष्टता नहीं। पर अंतिम पंक्ति में बालक की पीड़ा, निरीहता, निर्दोषता आदि के अनुभव एक-दूसरे से टकरा कर एक सूक्ष्म प्रक्रिया को परिचालित करते हैं, और इस प्रकार बिंब की अपनी क्षमता को उन्मुक्त करते हैं। और तब यह बिंब पूरे पद में अलग-थलग अप्रस्तुत विधान नहीं लगता, वरन् चुपके से समूची भाषा का अंग बन जाता है। काव्यभाषा की बनावट में पौराणिक 'संदर्भ' और 'मिथ' का जो अंतर है, वैसा ही अंतर अलंकार और बिंब के बीच में है। 'संदर्भ' और अलंकार भाषा के विन्यास में उभरे-से रहते हैं, जब कि 'मिथ' और बिंब भाषिक संरचना में घुल जाते हैं।

एक दूसरा बिंब कुब्जा-प्रसंग का लें। कुबड़ी कुरूप कुब्जा को रसेश्वर कृष्ण के संदर्भ में ग्राह्य बनाना संवेदना के स्तर पर एक कठिन कार्य है। यों, कृष्ण परब्रह्म के अवतार हैं और वे जिस पर चाहे जिस रूप में कृपा कर सकते हैं। पर अनिंद्य सौंदर्य से युक्त कृष्ण मनुष्य रूप में भी हैं, और कुरूप कुब्जा कैसे उन्हें भा गई, इस का कोई संतोषजनक और विश्वसनीय समाधान काव्य की रचना-प्रक्रिया के स्तर पर कवि को देना है। कृष्ण चरित के प्रमुख गायक सूरदास का यह और भी प्रधान दायित्व हो जाता है। कृष्ण और कुब्जा के इस अटपटे दीखते संबंध को कवि ने एक बिंब के बीच से अंकित किया है। कुब्जा गोपियों को पत्र लिखती है—

हौं तौ दासी कंसराइ की, देखौ मनहिँ बिचारी
फलनि माँझ ज्यौं करुइ तोमरी, रहत घुरे पर डारी
अब तौ हाथ परी जंत्री के, बाजत राग दुलारी
तनु तैं टेढ़ी सब कोउ जानत, परसि भई अधिकारी
सूरदास स्वामी करुनामय, अपने हाथ सँवारी॥ (६/१७)

यहाँ देखा जा सकता है कि कवि ने किस प्रकार सांग रूपक के विधान को अस्वीकार कर दिया है। कवि द्वारा थोड़े-से अंतर से सांग रूपक के अंतर्गत तोमरी की कड़ुआहट, टेढ़ापन उस का तिरस्कृत होना, फिर किसी कुशल वादक के हाथ पड़ कर उस का बीन होकर मीठा राग प्रसारित करना—ये सब तत्त्व क्रमशः तुलनीय हो सकते थे कुब्जा की कुरूपता, उस का विकृतांग होना, समाज में तिरस्कृत होना, फिर कृष्ण के अनुग्रह से उस में सौदर्य विकसित होने से। पर सूर पहली पंक्ति में प्रस्तुत का उल्लेख करके छोड़ देते हैं, और फिर धीरे-धीरे कड़वी तोमरी का बीन में रूपांतरित होने का बिंब उभरता है। तब हम कृष्ण और कुब्जा के निकट संबंध को अधिक गहरे और

संवेदनात्मक स्तर पर ग्रहण करते हैं। कुब्जा की निपट कुरूपता बीन की गहरी सुर लहरी में विलीन हो जाती है।

सूर के बिंब-विधान में से अकचक चुना हुआ एक और प्रसंग है। गोपियाँ उद्धव के योग संदेश को अस्वीकार कर देती हैं। पर यह अस्वीकार काव्य के स्तर पर ऐसा होना चाहिए जिससे कि उद्धव का अपमान न हो, और कृष्ण के लिए भी कोई संकोच की स्थिति न उत्पन्न हो, साथ ही यह भी स्पष्ट हो जाए कि यह योग संदेश गोपियों को एकदम अग्राह्य है। इस जटिल और सुकुमार मन:स्थिति को एक विशिष्ट बिंब में से विकसित किया गया है—

जो हित करि पठयौ मनमोहन, सो हम तुमकौं दीनौ
सूरदास ज्यौं बिप्र नारियर, करहीं बंदन कीनौ।(६/१०७)

ब्राह्मण का आशीर्वाद-रूप में दिया गया नारियल भी गृहस्थ स्वीकार नहीं करता। हाथ से स्पर्श करके प्रणाम की मुद्रा में उसे वापस कर दिया जाता है। इस नारियल के प्रति पूरा सम्मान, उस की पवित्रता को मान्यता, पर उसे स्वीकार न करना। और यह ध्यान रखना कि देने वाले ब्राह्मण का अपमान न हो—यह बिंब गोपियों के योग-संदेश के प्रति दृष्टिकोण को बड़े सटीक और मार्मिक ढंग से व्यक्त करता है। 'बिप्र नारियर' का बिंब समूचे भक्तिकालीन काव्य के संदर्भ में बेजोड़ है। इन सभी बिंबों में देखा जा सकता है कि प्रस्तुत का उल्लेख हल्का है, विस्तार अकेले अप्रस्तुत का है, जो भावक की कल्पना शक्ति को सक्रिय होने के लिए अधिक छूट देता है। यहीं बिंब अप्रस्तुत विधान के सामान्य रूप से अलग होकर भाषिक प्रक्रिया का अंग बन जाता है।

सूरसागर की बड़ी विशेषता यह है कि अधिकांश में वह घटनात्मक या कि भावात्मक तनाव से मुक्त, और मुक्तिकर है। वह आवेग संभव नहीं करता, उसे प्रशमित करता है, अपने विनय, भक्ति तथा लीला पदों में। यहाँ प्रख्यात सौंदर्यशास्त्री वाल्टर पेटर की उक्ति स्मरण हो आती है कि सभी कलाएँ अंतत: संगीत की स्थिति तक पहुँचना चाहती हैं। 'संगीत की स्थिति' कहने का अभिप्राय संभवत: यह है कि यहाँ वस्तु और रूप का द्वैत भी जैसे विलीन हो जाता है। इस रूप में सूरसागर का काव्य जैसे अपने में संगीत हो, फिर संगीत के सक्रिय साहचर्य में तो वह और उदात्त हो उठता है। वर्तमान यांत्रिक युग के भौतिक तथा मानसिक पर्यावरण-प्रदूषण को किसी क़दर निराकृत करने तथा उसे संतुलित रखने में वृक्ष-माला और राग-माला की तरह इस काव्य की अपनी भूमिका हो सकती है। तनाव से यह मुक्ति जैसे आचार्य रामचंद्र शुक्ल द्वारा पहले रेखांकित 'जीने की चाह' ("...इन कृष्णोपासक वैष्णव कवियों ने जीवन के प्रति अनुराग जगाया, या कम से कम जीने की चाह बनी रहने दी।"—भ्रमरगीत-सार : भूमिकारंभ) का ही आधुनिक संस्करण हो।

●

५

रामचरितमानस का स्थापत्य

तुलसी के रामचरितमानस की चर्चा उठाते समय 'विधान', 'परिकल्पना', 'योजना' जैसे आलोचना-प्रसंग में सामान्यत: प्रचलित शब्द पूरे पड़ते नहीं लगते। काव्य की विराटता के संदर्भ में यहाँ 'स्थापत्य' अनुकूल जान पड़ता है। मानस की लक्षणा से उस का मेल भी बैठता है। इस प्रसंग में तुलसी ने आरंभ में **'सप्त प्रबंध सुभग सोपाना'** कहते हुए विस्तृत सांग रूपक बाँधा है। यहाँ हम मानस की इस लक्षणा पर बल न देकर स्थापत्य की व्यापक लक्षणा में अपना विवेचन करेंगे।

स्थापत्य की लक्षणा में जाने का कारण है। स्थापत्य अन्य सभी कलाओं की तरह रची तो क्रमश: काल के विस्तार में जाती है, पर सराही जाती है एकबारगी और समग्र रूप में काल के किसी एक बिंदु पर। ताजमहल देखने जाने वाले दर्शकों ने लक्ष्य किया होगा वहाँ रास्ते की कुछ ऐसी व्यवस्था बनाई गई है कि ताज-परिसर में पहुँच जाने पर फिर ताज तब तक नहीं दिखता, जब तक कि घूमते-घुमाते एक दरवाज़े से एकाएक उस के सामने आप नहीं पहुँच जाते। ताज से दर्शक का आमना-सामना सहसा होता है, जहाँ से वह समूचे स्थापत्य को एक साथ समग्र रूप में देखता है। फिर निकट पहुँचने पर उस के विविध खंडों को आप ब्यौरों में देखते और सराहते हैं। पर पहले एक बार समग्र रचना का प्रभाव आप आत्मसात् कर चुके होते हैं।

विराट् रचना को—या कहिए रचना मात्र को—उस की समग्रता में ही बेहतर सराहा जा सकता है। उस दृष्टि से तुलसी के रामचरितमानस से विराट् और क्या है! तभी सब से स्थूल उपकरणों से बनी कला-रचना की लक्षणा में सब से सूक्ष्म कला-रचना के विवेचन का यहाँ औचित्य है। यों, प्रतिज्ञा यही है कि रचना का आस्वाद उस की समग्रता में सर्वश्रेष्ठ है। तुलसीदास पर भारतीय और विदेशी मनीषियों द्वारा—विशेष रूप से हिंदी के सबसे बड़े आलोचक रामचंद्र शुक्ल द्वारा—इतना कुछ लिखा जा चुका है कि सहसा समझ में नहीं आता कि बात कहाँ से शुरू की जाए। समग्रता के जिस बिंदु की चर्चा अभी हुई उस का एक पक्ष निराला ने अपने निबंध 'दो महाकवि' ('संग्रह') में उकेरा है। निराला के पाठक भली भाँति जानते हैं कि प्राचीनों में तुलसीदास और समकालीनों में रवीन्द्रनाथ—ये दो कवि निराला को विशेष प्रिय रहे हैं। कवि के लिए ये दोनों प्रिय और बड़े कवि एक साथ हैं। अपनी इसी भाव-भूमि में निराला ने एक संक्षिप्त प्रबंध काव्य 'तुलसीदास' लिखा, जिस में एक सामान्य युवक तुलसीदास का बड़े कवि तुलसी में रूपान्तरण अंकित हुआ है। आलोचकों को ठीक ही

लगा है कि इस रूपान्तरण की प्रक्रिया में निराला ने स्वयं अपने को प्रक्षिप्त किया है।

'दो महाकवि' प्राय: तीस पृष्ठों में निराला का एक अपेक्षया लंबा आलोचनात्मक निबंध है, जो 'मतवाला' के १९२९ के कई अंकों में धारावाहिक रूप से छपा था। दो महाकवि हैं—तुलसीदास और रवीन्द्रनाथ। एक आधुनिक बड़े कवि द्वारा यह तुलनात्मक विवेचन जितना रोचक है उतना ही महत्त्वपूर्ण भी, जहाँ इन तीनों महाकवियों—दो विवेच्य और एक स्वयं लेखक—को समझने के महत्त्वपूर्ण सूत्र पकड़े जा सकते हैं। इन में से एक है—काव्य, दर्शन और अध्यात्म का सामंजन। इस बिंदु पर निराला ने तुलसी और रवीन्द्र को सापेक्ष ढंग से और सोदाहरण परखा है। निराला का यहाँ मानना है कि कवि दो प्रकार के होते हैं—शुद्ध साहित्य के कवि, तथा दर्शन मिश्रित साहित्य के कवि। रवीन्द्रनाथ के बारे में उन का मंतव्य है—**"वे शुद्ध साहित्य के जितने अच्छे कवि हैं, दर्शन मिश्रित साहित्य के उतने अच्छे नहीं,"** जबकि **"गोस्वामी तुलसीदास साहित्य और सत्य-दर्शन के पारंगत महाकवि हैं।"** यहाँ स्पष्ट ही निराला की दृष्टि में साहित्य और सत्य-दर्शन का समंजन श्रेष्ठतर है शुद्ध साहित्य से। दोनों कवियों की ब्यौरेवार तुलना करते हुए वे स्पष्ट कह चुके हैं, "सब तरफ से केवल काव्य के सौंदर्य पर विचार करने पर तुलसीदास ही बड़े ठहरते हैं—भाषा-साहित्य में रवीन्द्रनाथ के संबंध में कहना पड़ता है कि भ्रम, त्रुटियाँ मिल सकती हैं, पर तुलसीदास के संबंध में, कोई शायद ही मिले। छायावाद, रहस्यवाद या अध्यात्मवाद की तुलना में रवीन्द्रनाथ किसी तरह भी तुलसीदास के सामने नहीं ठहरते।"

फिर निराला के सहारे से आगे कहा जा सकता है कि कहीं काव्य में दर्शन आक्रांतकर हो जाता है, तो कहीं अन्यत्र कविता में दर्शन की कोई भूमिका नहीं होती। प्रथम कोटि में यदि गीता और श्री अरविंद की 'सावित्री' आती हैं, तो दूसरी कोटि में कालिदास, शेक्सपियर या कि रवीन्द्रनाथ की रचना। तुलसी ऐसे हैं जहाँ कविता और दर्शन का श्रेष्ठ समागम होता है। यही कारण है कि 'रामचरितमानस' जहाँ उत्कृष्ट काव्य है, वहीं एक बड़े समाज में धर्म-ग्रंथ की तरह आदृत है, और कहीं उसे दर्शन तथा अध्यात्म के क्षेत्र में मान्यता मिलती है। काव्य-धर्म-दर्शन-अध्यात्म-भक्ति—मानवीय साधना की ये श्रेष्ठ परिणतियाँ जहाँ एक-दूसरे में विलीन होकर एक समग्रतर तथा महत्तर रूप धारण करती हैं तो वह कृति है 'रामचरितमानस'। रोचक यह है कि दर्शन-अध्यात्म कैसे काव्य को आच्छादित कर लेता है, इसका उदाहरण भी स्वयं 'रामचरितमानस' प्रस्तुत करता है अपने उत्तरकांड में। तब समूची कृति का काव्य-वैभव अपने आलोक से वहाँ सर्जनात्मक चमक व्युत्पन्न कर पाता है।

जीवन का समग्र चित्रण महाकाव्य का लक्ष्य, और यों उस का केन्द्रीय तत्त्व, दोनों है। काव्यशास्त्र के ग्रंथों में दी गई महाकाव्य के वर्ण्य विषयों की लंबी व्यवस्थित सूची का आशय यही है—इस समग्र चित्रण को उतार पाना। इस समग्रता के फिर कई रूप और स्तर हो सकते हैं। आचार्य शुक्ल ने जीवन की समग्रता का चित्रण मानस में कैसे

हुआ है, इसे दरसाने के लिए मूलभूत मानवीय संबंधों के प्रकार बताए हैं जिन्हें अंकित करने के लिए तुलसी ने चुना है। राम को वापस लाने के लिए सपरिवार गए भरत की भेंट के अवसर पर चित्रकूट-सभा को एक 'आध्यात्मिक घटना' बताते हुए आलोचक 'तुलसी की भावुकता' प्रकरण में लिखता है, ''यह संभावना उस समाज के भीतर बहुत से भिन्न-भिन्न वर्गों के समावेश द्वारा संघटित की गई है। राजा और प्रजा, गुरु और शिष्य, भाई और भाई, माता और पुत्र, पिता और पुत्री, श्वसुर और जामातृ, सास और बहू, क्षत्रिय और ब्राह्मण, ब्राह्मण और शूद्र, सभ्य और असभ्य के परस्पर व्यवहारों का उपस्थित प्रसंग के धर्मगांभीर्य और भावोत्कर्ष के कारण, अत्यंत मनोहर रूप प्रस्फुटित हुआ।'' कहना न होगा, जब एक महत्त्वपूर्ण प्रसंग के अवसर पर मानस में इतने मानवीय संबंधों की झाँकी लग जाती है तो संपूर्ण कृति में इन संबंधों के विस्तार के सीमांत क्या होंगे! व्यक्ति-परिवार-समाज-राज्य—सब एक दूसरे से जुड़ते और क्रमशः विस्तृत होते चले जाते हैं, और फिर सब की चिंता वापस आकर व्यक्ति में केन्द्रित हो जाती है : यही तो है रामचरितमानस।

तुलसी-काव्य में वैविध्य का विवेचन एक भिन्न प्रकार से भी आलोचक ने किया है। 'हिंदी साहित्य का इतिहास' में उन्होंने दिखाया है कि प्रचलित काव्य-परंपरा से अलग तुलसी ने 'काव्यभाषा के दो रूप', अर्थात ब्रज और अवधी को, तथा 'पाँच मुख्य शैलियों' को अपनाया। वीर-गाथा काल की छप्पय शैली, विद्यापति और सूरदास की गीत-पद्धति, गंग आदि भाटों की कवित्त-सवैया प्रणाली, नीति के दोहे, और सबसे अधिक जायसी की दोहा-चौपाई शैली—सब पर कवि ने अपना पूरा अधिकार प्रदर्शित और प्रमाणित किया है। फिर 'गोस्वामी जी की भक्ति-पद्धति की सब से बड़ी विशेषता है उस की सर्वांग-पूर्णता।' यों महत्त्वपूर्ण यह समझना है कि तुलसी के कृतित्व में वैविध्य और समग्रता की, व्यक्ति और समाज की लगातार अंतर-क्रिया चलती रहती है, जिस से अनुप्राणित 'रामचरितमानस' का स्वरूप ऐसा बहुमुखी, अनेकस्तरीय और जीवंत बन पड़ा है। तुलसी का शेष सारा कृतित्व जैसे तैयारी है 'रामचरितमानस' की रचना के लिए, तिथि-क्रम की किसी क़दर अनदेखी करके यह मान्यता रखी जा सकती है। समग्र और विविध की यह द्विध्रुवीय प्रणाली रचना को गतिशील रखती है जैसे कि स्वयं मानव-जीवन को।

इस संदर्भ में ध्यान देने की बात है कि रामचंद्र शुक्ल के लेखन में दो प्रयोग आते हैं—'समन्वय' और 'विरुद्धों का सामंजस्य'। ऊपर से एक जैसे दिखने के बावजूद दोनों के बीच गुणात्मक भेद लक्षित किया जा सकता है। दोनों के उदाहरण प्रस्तुत हैं—''अतः हमारे जीवन की पूर्णता कर्म (धर्म), ज्ञान और भक्ति तीनों के समन्वय में है।'' *('मानस' की धर्म-भूमि)*, तथा ''विरुद्धों का यही सामंजस्य कर्म क्षेत्र का सौंदर्य है'' *(काव्य में लोक-मंगल की साधनावस्था)*। अंतर यह लगेगा कि समन्वय का प्रयत्न कुछ हल्का है, तथा किसी क़दर बाहरी दबाव में होता है, जब कि विरुद्धों का सामंजस्य के लिए प्रयत्न उद्दाम होगा तथा कर्त्ता की ओर से इच्छित। तब स्वभावतः

समन्वय का क्षेत्र अपेक्षया सीमित है, विरुद्धों का सामंजस्य का विस्तृत। अलग-अलग व्यक्तियों में स्पष्ट ही ये दोनों प्रकार के प्रयत्न अलग-अलग अनुपात में होंगे। आचार्य शुक्ल ने यद्यपि ऐसा कहीं कहा नहीं, पर संदर्भ से, और दोनों प्रयोगों के महज़ नाद-गुण से, समझ में आता है कि उन की दृष्टि में विरुद्धों का सामंजस्य कर्म का उदात्ततर रूप है समन्वय की तुलना में। रामचंद्र शुक्ल की आलोचना में बहुत-कुछ कविता की तरह शब्दों का अपना नाद-वैशिष्ट्य होता है, जिस से अर्थ की विविध छायाएँ झंकृत होती हैं।

पर समन्वय और सामंजस्य से भी एक उच्चतर भाव-भूमि समरसता की हो सकती है। समग्र की परिकल्पना समरसता की प्रक्रिया से सर्वाधिक पूर्ण रूप में संभाव्य जान पड़ती है। वस्तुत: तो समरसता रचना का चरम साध्य कही जा सकती है, जिस बिंदु पर रचना सीधे संस्कृति बन जाती है कि समरसता संस्कृति का सहज प्रवाह है। और तब इसी बिंदु पर समन्वय-सामंजस्य से ऊपर उठते हुए और इन के द्वन्द्वों को समोते हुए 'रामचरितमानस' संस्कृति बन जाता है। तब यह अकारण नहीं कि एक लंबे समय से उत्तर भारत की साक्षर-निरक्षर जनता का सांस्कृतिकीकरण 'रामचरितमानस' करता आया है, जिस भूमिका में कवि निराला ने अपने प्रबंध 'तुलसीदास' के अंतर्गत उसे देखा-समझा है। समरसता द्वन्द्वों को मिटाती उतना नहीं जितना उन्हें अपने में समो लेती है, राम का चरित्र जिस का एक आद्य प्रति-रूप कहा जा सकता है। समरसता का सबसे बड़ा काव्य-प्रतीक सागर कहा गया है। 'कामायनी' में श्रद्धा का उद्बोधन मनु के प्रति स्मरण करें—'नित्य समरसता का अधिकार उमड़ता कारण जलधि समान / व्यथा से नीली लहरों बीच बिखरते सुख मणि गण द्युतिमान।' अयोध्याकांड के मंगलाचरण में राम के इसी समरस रूप को स्मरण किया गया है—'प्रसन्नतां या न गताभिषेकतस्तथा न मम्ले वनवासदु:खत:।' राम के चरित्र की समरसता यदि 'रामचरितमानस' के विधान में उतरती है तो यह उचित ही है।

मानस के बारे में प्राय: कहा जाता है कि उस का अधिकांश संस्कृत के किसी न किसी ग्रंथ की छाया है। उस का कथानक बहुश्रुत और बहुलिखित है। स्वयं कवि ने ग्रंथ के आमुख में स्पष्ट किया है कि अपनी रचना-सामग्री के लिए वह 'नाना पुराण निगमागम' का ऋणी है। तो फिर प्रश्न उठता है कि रचनाकार की मौलिकता यहाँ क्या है जिस के कारण 'रामचरितमानस' को हिंदी की सिरमौर कृति गिना जाता है। वस्तुत: तो मानस पर लिखित किसी भी आलोचना / व्याख्या को इस मूल जिज्ञासा का उत्तर देना चाहिए। यहाँ विधानगत मौलिकता का एक उदाहरण प्रस्तुत है।

राम-कथा में एक बुनियादी महत्त्व का स्थल है राम के प्रति कैकेयी की दृष्टि में परिवर्तन। इसी एक बिंदु से काव्य का कथानक नाटकीय मोड़ लेता है : वन-गमन, सीता-हरण, सुग्रीव से मैत्री, रावण-वध आदि उसी से फिर निकलते हैं। यहाँ परंपरित वर्णन है कि देवताओं के अनुरोध पर सरस्वती ने कैकेयी की मति फेर दी थी। तुलसी ने इस वर्णन को स्वीकार किया है—'गई गिरा मति फेरि' कह कर। वे चाहते तो अन्य

कवियों की तरह उन के कथा-विधान के लिए भी यह पर्याप्त था। पर तुलसी के कवि को इतने से संतोष नहीं हुआ। इस अतिप्राकृत तत्त्व के आगे वे अपनी ओर से नर-चरित, या कि यहाँ कहना चाहिए नारी-चरित जोड़ते हैं, तब उन की दृष्टि में कथा-विकास विश्वसनीय बनता है। कैकेयी-मंथरा संवाद—जिस की बड़ी मार्मिक और काव्यशास्त्रीय व्याख्या आचार्य रामचंद्र शुक्ल ने की है—अपने आप में तो एकदम सटीक और मनोवैज्ञानिक है ही, समूचे घटना-क्रम को एक मानवीय संदर्भ देना उस की सबसे बड़ी विशेषता है। यह तुलसी का बेजोड़ स्वभाव-चित्रण है जिस के आगे 'गई गिरा मति फेरि' का दैवी हस्तक्षेप अनावश्यक सिद्ध हो जाता है। मंथरा अपने जिस सहज कौशल से कैकेयी का राम के प्रति अनुराग वैसे ही तीखे द्वेष में बदल देती है वह शत-प्रतिशत मानवीय और ऐहिक है। यहाँ तुलसी के मानव-मनोविज्ञान की परख घटनाक्रम को अप्रत्याशित मोड़ देती है, उन का भक्त-रूप नहीं रचनाकार-रूप उभर कर आता है।

एक तुलना से बात और स्पष्ट हो सकेगी। कालिदास के 'अभिज्ञान शाकुंतल' का पूरा कथानक दुर्वासा के शाप—एक पूरी तरह अतिप्राकृत तत्त्व—पर टिका है। यदि यह शाप न होता तो नाटक का कथानक यों आगे न बढ़ता। यह ठीक है कि जिस संसार में यह नाटक घटित हो रहा है उस में देवी-देवता और ऋषि मुनि हैं, जिन में वरदान और अभिशाप की शक्तियाँ निहित हैं। उस संदर्भ में शाप का यों दिया जाना अटपटा नहीं लगता। पर प्रणय-व्यापार जैसे मानवीय क्रिया-कलाप में इस शाप का प्रवेश नाटककार की क्षमता और सफलता में कुछ जोड़ता नहीं। यहाँ तुलसी का रचनात्मक पौरुष अधिक स्पृहणीय दिखता है कि परंपरा से सुलभ कथानक के एक अतिप्राकृत तत्त्व को सामान्य रूप में स्वीकार करके भी वे उस परे रख देते हैं, और कथानक के विकास के लिए एक शुद्ध मानवीय प्रसंग का आयोजन करके उसी को कथा का आवश्यक संदर्भ मानते हैं।

ईश्वर में पूरी आस्था और मनुष्य का पूरा सम्मान ये दोनों दृष्टियाँ तुलसी में एक-दूसरे से जुड़ी हुई हैं। 'सिया-राममय सब जग जानी। करहुँ प्रनाम जोरि जुग पानी।' जैसी पंक्तियाँ इस गहरे आत्मविश्वास पर ही लिखी जा सकती हैं, जहाँ ईश्वर और मनुष्य दोनों की एक साथ प्रतिष्ठा हो। 'सिया-राम' यदि उन की भक्ति के लिए आश्रय-स्थल हैं तो 'सब जग' उन के रचना-कर्म के लिए। आलोचक को कभी-कभी अटपटा लग सकता है कि 'बाबा' कहे जाने वाले तुलसीदास मानव-मन और रचनाकर्म की इतनी सूक्ष्म गहराइयों तक पैठ कैसे और क्यों कर रखते हैं। अनुभूति और अभिव्यक्ति का जैसा संश्लिष्ट रूप रचना में वस्तुत: प्रत्याशित है वह ईश्वर और मनुष्य की इस एकरूपता में से निकलता है।

एक स्तर पर ईश्वर और मनुष्य की एकरूपता स्वीकारने के ही कारण 'रामचरितमानस' का पूरा परिवेश, दैवी हस्तक्षेप के बीच-बीच में आने के बावजूद, पूरी तरह मानवीय है। काव्य में इस नितांत मानवीय आधार-भूमि का एक कारण—

और प्रमाण भी—यह है कि यहाँ सामान्य परिवार समूची रचना के केन्द्र में है। परिवार भारतीय संदर्भ में व्यक्ति और समाज को जोड़ने वाली अनिवार्य कड़ी है। व्यक्ति को सामाजिक मूल्यों का प्रशिक्षण देने की पहली पाठशाला जैसे परिवार है। स्नेह, सहिष्णुता, सेवा के मूल्य वह सर्वप्रथम यहीं सीखता है। व्यक्ति और समाज के बीच उपजने वाले द्वन्द्व को समरस, और व्यवहार की नोकों को बराबर करना परिवार का दायित्व है। यह भारतीय परिवार 'रामचरितमानस' की एक मुख्य रचना-चिंता है, आरंभ से लेकर अंत तक। जन-जीवन में बहुप्रचलित 'राम लक्ष्मण जानकी / जय बोलो हनुमान की' का भावपूर्ण स्मरण, और विविध माध्यमों में चित्रण जैसे इस परिवार की इकाई का संक्षिप्त रूप हो। कुछ पारिवारिक संबंधों का उल्लेख रामचंद्र शुक्ल ने चित्रकूट-सभा के प्रसंग में किया है, जिन की ओर निर्देश पहले हो चुका है। आगे-पीछे के इतिवृत्त पर एक सरसरी निगाह डालने पर कुछ और संबंध उभर कर आते हैं, जैसे—परिवार में सपत्नियों की सापेक्ष स्थिति, सौतेली माँ और पुत्र का संबंध, पत्नी के मातृकुल की सेविका की भूमिका, देवर और भाभी का संबंध, पति-पत्नी का साहचर्य समूचे परिवार के संदर्भ में, परिवार और पुरोहित का विमर्श, ननिहाल का स्नेह आदि। यहाँ स्मरणीय है कि यों तो परिवार की संकल्पना सार्वभौम है, पर भारतीय जीवन में इस का सदैव से केन्द्रीय महत्त्व रहा है। उदाहरण के लिए हिंदी भाषा में हर प्रकार के पारिवारिक संबंध का एक अलग अभिधान है—पिता, चाचा, ससुर, काका, ताऊ, मामा, मौसा, देवर, जेठ, भाभी, ननद, भाई, बहिन, बाबा, नाना—एक लंबी सूची है, जिन के फिर पुलिंग-स्त्रीलिंग रूप अलग हैं। अँग्रेजी में फादर, अंकल, मदर, सिस्टर जैसे चार-छ: शब्दों में लंबे परिचयात्मक संबंधवाची जोड़ कर पारिवारिक संबंधों का निर्देश किया जाता हैं। कहना न होगा, मानस में इन में से अधिसंख्य उल्लिखित संबंधों की मर्यादा और भूमिका देखी जा सकती है। भारतीय जीवन के चित्रण की सच्चाई का यह एक मूलभूत प्रमाण है।

भारतीय संस्कृति के दो आदि महाकाव्यों-रामायण तथा महाभारत-में दो विरोधी दिशाओं में प्रवाहित परिवार-गाथाओं का अंकन पहले ही हुआ है। तुलसी ने इन संदर्भों को उन के ब्यौरों में अधिक व्यावहारिक ढंग से उकेरा है, जिस के कारण काव्य में मुख्यत: राजकीय परिवारों के ये अंकन सामान्य पाठकों को अपने लगने लगते हैं। यह इसी का परिणाम है कि 'रामचरितमानस' व्यक्तिगत रूप में तो पाठ्य है ही, परिवार की साझी पाठ्यकृति भी हो गई है। अपनी अंतर-क्रिया में समूचे परिवार का मर्यादित आचरण जैसे रचना का एक केन्द्रीय मूल्य हो। ध्यान देने की बात है कि इन परिवार-मूल्यों—'फैमिली वैल्यूज़'—की खोज आज के दिन-दिन एकाकी होते जाते पश्चिमी जीवन का एक मुख्य सामाजिक-राजनैतिक कार्यक्रम हो गया है। हम सौभाग्यशाली हैं कि हमारे देश की एक मुख्य पाठ्य रचना ने इस मूल्यों को सँजोकर सक्रिय भाव से रक्खा है। इतने सारे जीवंत व्यक्तित्वों की टकराहट और समरसता, आनंद और मूल्यबोध की प्रतीति एक साथ संभव करते हैं। और 'रामचरितमानस' का

स्थापत्य एकबारगी इस सब का आश्रय-स्थल है।

फिर इतने विराट् आश्रय-स्थल का निर्माता रचना के अंत में अपना उद्देश्य बताता है—'स्वान्तस्तम:शान्तये', अर्थात् यह रचना किसी को कुछ उपदेश देने या सिखाने के लिए नहीं की है, यह तो अपने ही मन का अँधेरा-विभ्रम दूर करने के लिए है। पहले ग्रंथ की भूमिका में कवि ने उस की प्रेरणा स्पष्ट की थी—'स्वान्त:सुखाय', अर्थात् यह कृति किसी शासक या कि धर्माचार्य के आदेश-आग्रह-अनुरोध पर नहीं रची जा रही, वरन् अपने आंतरिक सुख-संतोष के लिए है। **'स्वान्त:सुखाय' प्रतिज्ञा है तो 'स्वान्तस्तम:शान्तये' निष्पत्ति।** यों, बड़ी रचना के योग्य, मानस अंत में अपने आरंभ को स्पर्श करता है समूचे विधान की समरसता को जैसे प्रमाणित करते हुए। कवि द्वारा इस संस्कृति-काव्य से उपदेश-शिक्षा का कहीं-कोई दंभ नहीं, तब शतप्रतिशत रचना-धर्म है यहाँ! भवन में जो भी ईंट लगती है रचना की भट्ठी में पक कर ही।

मानस सब का आश्रय-स्थल कैसे बना है इस प्रसंग में एक व्यक्तिगत संस्मरण कहने की अनुमति चाहूँगा। रिक्शे पर पत्नी के साथ जा रहा था। घर से निकलते-निकलते एक शोध-विद्यार्थी मिलने आ गए जो किसी शिक्षा-संस्थान में तदर्थ रूप से कार्य-रत थे। उस पद का अब औपचारिक चुनाव होने को था, और इस प्रसंग में वे अपनी चिंता से मुझे अवगत करा रहे थे। मैं ने उन्हें समझाने का यत्न किया कि संस्थान के अध्यक्ष ने तुम्हें चुन कर रक्खा है, वे तुम्हारे काम से संतुष्ट लगते हैं, और वे अपने में स्वयं प्रभावशाली व्यक्तित्व हैं, तब तुम्हें अपने चुनाव के लिए इतनी चिंता क्यों है? शोध-विद्यार्थी ने उत्तर दिया कि आप ठीक कहते हैं, पर क्या करूँ, 'रहत न आरत कें चित चेतू'। रिक्शा चला जा रहा था अपनी गति से, और मैं पत्नी को शोध-विद्यार्थी का प्रसंग सुना रहा था। जब चौपाई पर पहुँचा तो रिक्शेवाले ने एकबारगी पहली पंक्ति—'कहउँ बचन सब स्वारथ हेतू' कह कर प्रसंग पूरा कर दिया। शोध-विद्यार्थी, अध्यापक, पत्नी और रिक्शेवाले को तुलसी की एक पंक्ति ने अनायास यों जोड़ दिया। और सच तो यह है कि अध्यापक अभी चौपाई की पहली पंक्ति सोचने के क्रम में था, तभी तक रिक्शेवाले ने उसे सहज भाव से कह दिया। तुलसी की सामान्य जन-मन में पैठ की बात लिखता-पढ़ता तो कई बार था, उस का सौ टंच प्रमाण यों आप से आप मिल गया।

'रामचरितमानस' में तुलसी की रचना-प्रक्रिया के वैशिष्ट्य पर जब हम विचार करते हैं तो कई कला-विधाओं के प्रयोग जाने-अनजाने जुड़े दिखाई देते हैं। कई स्थलों पर लंबे प्रसंग संगीत के राग की तरह बढ़ते हैं, और फिर क्रम-क्रम से जोड़ा गया समूचा स्थापत्य एकबारगी सामने आ जाता है। कहना न होगा, ऐसे प्रसंगों की बहुलता अयोध्याकांड में है, जिसे 'रामचरितमानस' का हृदय-स्थल ठीक ही कहा जाता है। वनवास के आरंभिक क्रम में राम-लक्ष्मण-सीता वाल्मीकि के आश्रम पर पहुँचते हैं। और तब मुनि से राम जिज्ञासा करते हैं कि कोई स्थान बताइए जहाँ कुटिया बना कर वे

कुछ समय के लिए रह सकें। मुनि राम की विनय और शालीनता पर सहज प्रसन्न होकर उन की बड़ाई करते हैं, और फिर कहते हैं—

पूँछेहु मोहि कि रहौं कहँ मैं पूँछत सकुचाउँ।
जहँ न होहु तहँ देहु कहि तुम्हहिं देखावौं ठाउँ॥

तब चौपाई-दोहा का एक लंबा क्रम चलता है—

सुनहु राम अब कहउँ निकेता। जहाँ बसहु सिय लखन समेता॥
जिन्ह के श्रवन समुद्र समाना। कथा तुम्हारि सुभग सरि नाना॥

और फिर वाल्मीकि—वे तो आदि रामायण के रचयिता हैं—आगे इसी प्रकार के विविध भागवत जनों और उन के भक्ति-रूपों का उल्लेख करते हैं, जो राम के लिए उपयुक्त वास-स्थल हैं। यह क्रम इस दोहे पर पूरा होता है—

जाहि न चाहिअ कबहुँ कछु तुम्ह सन सहज सनेहु।
बसहु निरंतर तासु मन सो राउर निज गेहु॥

राग की तरह बढ़ता, और लंबा वाक्य-विन्यास (१५ चौपाई तथा ४ दोहों तक फैला)—यों संगीत और भाषा का व्याकरण, दोनों रचना के अंग बन जाते हैं, और सब का सम्मिलित प्रभाव एक विलक्षण स्थापत्य संभव करता है। ऐसा विधान कवि अनेक मार्मिक स्थलों पर तानता है, जहाँ पाठक-श्रोता का मन लंबे समय तक ठिठक जाता है।

पर मुनि द्वारा इतने वास-स्थलों के निदर्शन के बाद भी राम रहने के लिए बनाते पर्णकुटी ही हैं। परब्रह्म और सामान्य मनुष्य की भूमिकाएँ एक दूसरे को काटती-छूती चलती हैं, और इन के बीच मानस बनता नर-कथा है। तुलसी की परिकल्पना का वैशिष्ट्य इस बात में है कि यहाँ नारायण को भी नर की भाँति वे ही संघर्ष झेलने हैं, उन्हीं राग-द्वेष-आकर्षणों का सामना करना है, जो कि एक सामान्य मनुष्य को करना होता है, और इस झेलने में एक अतिरिक्त झेलना यह है कि नारायण की शक्ति होते हुए भी आचरण नर की ही तरह करना है, यह एक विलक्षण आत्म-संयम या कि आत्म-संघर्ष है। और इसी में मानव-जीवन का दुर्निवार आकर्षण है। यदि हर मनुष्य से पूछा जाए कि वह अगला जन्म मनुष्य के रूप में चाहता है या नहीं, तो सारे दुख-कष्टों को स्मरण करके भी इस प्रश्न का उत्तर नकारात्मक देना उस के लिए एकाएक कठिन होगा। ऐसे मानव-जीवन को ही तुलसी ने मानस में उकेरा है, जिस में हम बूड़ते भी हैं, तिरते भी; फिर बूड़ जाते हैं कि तिर जाते हैं, कहना कठिन है। प्रजापति की लीला-रचना की टक्कर में यह कवि की लीला-रचना है। नारायण की यह नर-लीला मनुष्य के अपने लिए प्रेरक है।

रामचरितमानस की रचना-प्रक्रिया का एक और वैशिष्ट्य है उस का बहुचर्चित संवाद-विधान। मानस की मूल परिकल्पना कथा के रूप में हुई है, तब वहाँ वक्ता-श्रोता का विधान किया गया है, बहुत कुछ पुराण-शैली में। यहाँ वक्ता-श्रोता विधान बहुस्तरीय है, अर्थात् कई-कई स्तरों पर कथा चल रही है। इसका मर्म क्या है? एक अनुमान यह हो सकता है कि यह परिकल्पना मंजूषा में मंजूषा, या कि पटों के खोलने

जैसी है, जिसे अभी बहुत समय तक गाँवों और नगरों में, घूम-घूम के कारु-विद्या के कलाकार देव-दर्शन के लिए भक्त-जनों के बीच प्रदर्शित करते थे, और एतदर्थ कुछ दक्षिणा पाते थे।

वक्ता-श्रोता के कई युग्म चलते हैं : शिव के साथ कई संवादी हैं—शिव ने इस सुहावने चरित्र की रचना की थी, और फिर कृपा करके पार्वती को सुनाया। उसी को शिव ने काकभुशुंडि को रामभक्ति का अधिकारी जान कर प्रदान किया लोमश ऋषि के माध्यम से। काकभुशुंडि से कथा-सूत्र पुन: याज्ञवल्क्य ने प्राप्त किया, और उन्होंने यह कथा भरद्वाज को गाकर सुनाई। (१ : २९-३०) तात्कालिक रूप में कवि तुलसी इसे याज्ञवल्क्य-भरद्वाज संवाद से प्राप्त करते हैं, जिसे उनके गुरु ने उन्हें सूकरखेत में सुनाया। उधर काकभुशुंडि गरुड़ को यही कथा सुना रहे हैं। शिव ने स्वयं इस कथा को सती के साथ त्रेता युग में सुना था मुनि अगस्त्य से। (१ : ४७-४८) स्पष्ट ही इन वक्ता-श्रोता क्रमों से प्रकट होगा कि यह कथा देश-काल का अतिक्रमण करते युग-युगांतर से चली आ रही है, जिन का तुलसी स्थान-स्थान पर निर्देश करते चलते हैं। महत्त्वपूर्ण प्रस्तुत प्रसंग में यह है कि इतनी बेठनों के बावजूद काव्य में कथा का प्रवाह बड़े सहज भाव से चलता हैं। प्रकथन का यह अपूर्व कौशल है जहाँ कथा को अपात्रों से बचाने की जितनी चिंता है (७ : १२८) उतना ही आग्रह है उस के जन-प्रसार का (१ : ३५)। अभिव्यक्ति और गोपन का यह संयोग वस्तुत: भाषा के बुनियादी चरित्र से ही जुड़ा हुआ है।

कवि द्वारा वक्ता-श्रोता क्रम को नियोजित करने का एक उद्देश्य अपने कथा-लोक के परिवेश और उस की आंतरिक व्यवस्था को स्पष्ट करना है। इसी प्रक्रिया में राम के नर-नारायण पक्षों, अवतार के हेतु, और समग्रत: एक बड़ी कथा के ऋत को उस के विविध स्तरों के बीच समझाना भी है। शिव, जो कथा के मूल रचयिता कहे गए हैं, पार्वती को आरंभ में ही बताते हैं—

अपर हेतु सुनु सैल कुमारी। कहउँ बिचित्र कथा बिस्तारी॥
जेहिं कारन अज अगुन अरूपा। ब्रह्म भएउ कोसलपुर भूपा॥ (१/१४१)

और यों नर-नारायण संबंध की व्याख्या हो जाती है। वक्ता-श्रोता व्यवस्था की एक व्यंजना यह भी है कि परंपरा से प्राप्त कथा आधार है, जिस पर अधिरचना कवि द्वारा निर्मित हुई है। कहना न होगा, काव्य-रचना-प्रक्रिया में अधिरचना आधार से कुछ अधिक ही महत्त्वपूर्ण हो सकती है, होनी चाहिए।

अधिरचना का कुछ विवेचन यहाँ अपेक्षित होगा। तुलसी का रचना-वैशिष्ट्य, रचना-दृष्टि, कुल मिला कर मानस का स्थापत्य यहीं तो सर्वाधिक लक्षित किया जा सकता है। चरित्रांकन अधिरचना का विशिष्ट अंग है। महाकाव्य में समग्रता की आकांक्षा यहाँ अच्छे से प्रतिफलित होती है। उस दृष्टि से 'रामचरितमानस' चरित्रों से भरा-पूरा एक संपूर्ण रचना-संसार है। संस्कृत में कवि को जो 'प्रजापति' की संज्ञा दी गई है उस का बड़ा निर्भ्रांत साक्ष्य यहाँ देखा जा सकता है। राम और भरत से इतर चरित्र

समग्रतः मानवीय हैं—काम, क्रोध, लोभ, मोह की प्रवृत्तियों से परिचालित होने वाले, उन प्रवृत्तियों से जूझते संघर्ष करते और कभी उन पर विजय पाने वाले भी। इन के अंकन के लिए गोस्वामीजी ने जैसे स्वयं ही निर्देशक-सिद्धांत बना रक्खा है—

जड़ चेतन गुन दोषमय बिस्व कीन्ह करतार।
संत हंस गुन गहहिं पय परिहरि बारि बिकार॥ (१/६)

पहली पंक्ति में जहाँ यथार्थ का रूप है, वहीं दूसरी पंक्ति में आदर्श का आग्रह। यह भी एक तरह से समग्रता की प्रतिज्ञा का ही निर्वाह है। नारद, परशुराम, लक्ष्मण, सुमंत्र, दशरथ, गुह, सुग्रीव, अंगद, विभीषण या कि कैकेयी, कोसल्या, मंथरा, शूर्पणखा, त्रिजटा, मंदोदरी—चरित्रों की एक पूरी माला सामने आती है तरह-तरह के मानवीय राग-द्वेषों से ग्रस्त। कुछ वर्ग चरित्र हैं तो कुछ उदात्त भाव-भूमि के हैं।

उदात्त चरित्रों में स्पष्ट ही राम शीर्षस्थ हैं, एकदम सीधी पंक्ति की तरह, कहीं कोई स्खलन नहीं। राम के इस निर्विवाद रूप पर जयशंकर प्रसाद की टिप्पणी एकदम सटीक है—लिखते हैं, "इस पौराणिक-धर्म के युग में विवेकवाद का सबसे बड़ा प्रतीक रामचंद्र के रूप में अवतरित हुआ, जो केवल अपनी मर्यादा में और दुःख सहिष्णुता में महान रहे। किंतु पौराणिक-युग का सब से बड़ा प्रयत्न श्रीकृष्ण के पूर्णावतार का निरूपण था। इन में गीता का पक्ष जैसा बुद्धिवादी था वैसा ही ब्रजलीला और द्वारका का ऐश्वर्यभोग आनंद से संबद्ध था।" (रहस्यवाद) राम और कृष्ण की इस तुलना में लेखक का पक्षपात आप-से-आप स्पष्ट हो जाता है। राम और कृष्ण के चरित्रों की तुलना का यहाँ प्रसंग नहीं है, और उसे अन्यत्र कर भी चुका हूँ। यहाँ इतना ही संकेत पर्याप्त होगा कि भारतीय आदि काव्यों के ये मुख्य चरित्र 'विरुद्धों का सामंजस्य' के रूप में भारतीय मानस में गहरे पैठे हुए हैं, जहाँ अब वे एक-दूसरे के पूरक अधिक समझ में आते हैं।

भरत के चरित्र की एक गहरी प्रासंगिकता है, राम के चरित्र की चकाचौंध में जो प्रायः अलक्षित हो जाती है। शायद कवि द्वारा यह सापेक्ष अंकन किया ही इस भाव से गया है। राम का चरित्र सर्वांगपूर्ण, नीरन्ध्र है, जिस की एक कमी—जो जानबूझ कर रक्खी गई हो—की ओर आचार्य शुक्ल ने ध्यान यों दिलाया है, "राम के चरित्र की इस उज्ज्वलता के बीच एक धब्बा भी दिखाई देता है। वह बालि को छिप कर मारना। वाल्मीकि और तुलसीदास जी दोनों ने इस धब्बे पर कुछ सफेद रंग पोतने का प्रयत्न किया है। पर हमारे देखने में तो यह धब्बा ही संपूर्ण रामचरित को उच्च आदर्श के अनुरूप एक कल्पना समझे जाने से बचाता है। यदि एक यह धब्बा न होता तो राम की कोई बात मनुष्य की सी न लगती और वे मनुष्यों के बीच अवतार लेकर भी मनुष्यों के काम के न होते।" *(गोस्वामी तुलसीदास : शील निरूपण और चरित्र चित्रण)*

राम के चरित्र में यदि एक स्खलन दिखाना कथा के नाते है, आधार-रूप में है, तो अधिरचना के पक्ष से तुलसी का भी कुछ कर्त्तव्य है। उस का निर्वाह वे भरत के चरित्रांकन के माध्यम से करते हैं। भरत के चरित्र का आत्म-त्याग, और अंतःकरण की

निर्मलता अंकित करके गोस्वामी जी नारायण रूप राम के संपूर्ण महिमाशाली चरित्र को भी भरत के इन सहज मानवीय गुणों के सूक्ष्म-विनम्र अंकन में जैसे कुछ शमित-संतुलित करना चाहते हैं; जैसे कहना चाहते हों कि नारायण के समक्ष और समकक्ष नर की भी महिमा है, क्योंकि दोनों अंततः एक ही हैं। गोस्वामी जी के चित्रण में तब राम यदि काव्य के प्रधान और महान् चरित्र मुखर रूप में हैं, तो अत्यंत शांत भाव से प्रिय चरित्र हैं भरत। भरद्वाज, वसिष्ठ और स्वयं श्रीराम भरत की महिमा का निर्वचन करते हैं। भरद्वाज की उक्ति जितनी तार्किक है उतनी ही भावपूर्ण भी—

सुनहु भरत हम झूठ न कहहीं। उदासीन तापस बन रहहीं॥
सब साधन कर सुफल सुहावा। लखन राम सिय दरसनु पावा॥
तेहि फल कर फलु दरसु तुम्हारा। सहित पयाग सुभाग हमारा॥ (२/२१०)

यदि समस्त अयोध्याकांड रामचरितमानस का हृदय है, तो भरत का चरित्र अयोध्याकांड का।

ट्रैजडी को पश्चिमी चिंतन में मानवीय सर्जनात्मकता का श्रेष्ठतम रूप कहा गया है, हमारे यहाँ यह स्थान आनंद का है जिस की मुख्य सृष्टि काव्य के साथ-साथ भारतीय शास्त्रीय कंठ-संगीत में होती है, जहाँ गिनती के सात सुरों में अखंड आनंद जैसे समा गया हो! पर ट्रैजडी की अवतारणा यहाँ कम सघन नहीं। यह ठीक है कि मानस दुखांत नहीं है, पर ट्रैजिक तत्त्व राम-कथा को जो कैकेयी के दो वरों की पूर्त्ति से आरंभ होता है, अंत तक छाये रहता है। सीता के निर्वासन का प्रसंग तो नहीं आता, पर उत्तरकांड में वे राम की दिनचर्या से क्रमशः हटती गई हैं। उन के दो पुत्रों के जन्म की सूचना अत्यंत संक्षिप्त है, और बिना किसी उल्लास-उत्सव के दृश्य के। केवल दो चौपाइयों में पुत्र-जन्म का वृत्त पूरा हो जाता है। कहाँ-कैसे जन्म हुआ इस का कोई उल्लेख नहीं, जैसे लोग अप्रिय प्रसंग कहने से बचते हैं। और इस दूरारूढ़ विषाद के शमन के लिए ही समूचे उत्तरकांड में इतने विस्तृत ज्ञान-कांड की व्यवस्था की गई है। अयोध्याकांड के रचयिता के लिए उत्तरकांड लिखने की विवशता का शायद यही औचित्य है।

अयोध्या के राज्य परिवार में धन्यता का परावर्त्तन शीर्ष बिंदु से होता है। बालकांड के अंत में जनकपुर से बारात लौटने, और वधुओं के स्वागत-समारोह पर विश्वामित्र का पूजन-सम्मान करते हुए दशरथ कहते हैं —'नाथ मोहि सम धन्य न दूजा'। और बस इस के बाद कथानक अयोध्याकांड के आरंभ में ही नाटकीय मोड़ लेता है। राम-विवाह के बाद राम के राज्याभिषेक की तैयारियाँ शुरू होती हैं, ट्रैजडी यहीं घात लगाए बैठी है। मंथरा नगर की शोभा देख कर उत्तेजित होती है; वहीं से उसके कुचक्र का प्रवर्त्तन होता है। और घटना-क्रम में यह एकदम उल्टा मोड़ किसी दैवी हस्तक्षेप से नहीं हुआ। यदि पूर्व-जन्म के शाप-वृत्तांतों पर ध्यान न दें तो, जैसा पहले स्पष्ट किया जा चुका है, यह तीखा परिवर्त्तन शत-प्रतिशत मानवीय मनोविकारों और राग-द्वेष की अंतर-क्रिया का परिणाम है। यूनानी ट्रैजडी की सिरमौर कृति 'राजा ईडिपस'

में बड़े संयोगों का सहारा लिया गया है, मानस का ट्रैजिक तत्त्व मनुष्य की अपनी सोची-बिचारी करनी है। दशरथ की संग्राम-यात्रा, प्रिय रानी कैकेयी का आसक्त राजा को सहयोग, दो वरदान, मंथरा की कूटनीति—इस सब का सम्मिलित फल है— **'कवनें अवसर का भयउ'।**

मानव जीवन के इन समूचे घात-प्रतिघातों का अंकन जहाँ संपन्न होता है वहीं रचना के अंत में कवि कहता है 'स्वान्तस्तम:शान्तये', अपने अंत:करण के अंधकार को मिटाने के लिए उसने यह उपक्रम किया है। तब समझ में आता है कि 'स्वान्तस्तम: शान्तये' कोई मुहाविरा नहीं, समग्रता की व्यापक अनुभूति है। और इसी बिंदु पर ट्रैजडी का विलय आनंद में होता है, जो एक ओर भारतीय काव्य-चिंतन के अनुकूल है और दूसरी ओर स्वयं तुलसी की अपनी रचना-प्रतिज्ञा के : 'स्वान्त:सुखाय'। 'मन के अँधेरे को शांत करना' जितनी ट्रैजडी की नयी व्याख्या है उतनी ही रस-सिद्धांत की, यद्यपि स्वयं कवि के लिए इन अवधारणाओं का कोई भान नहीं। यहीं मानस के विराट् स्थापत्य का मर्म समझ में आता है।

यों, राम द्वारा सुख के निरंतर परिवेश में दु:ख का प्रथम दर्शन अनायास बुद्ध के प्रथम दु:ख-दर्शन की याद दिला देता है। कैकेयी के कोप-भवन में दु:ख से प्राय: अचेत पिता दशरथ को जब राम एकाएक देखते हैं तो कवि का पर्यवेक्षण है— **'करुनामय मृदु राम सुभाऊ। प्रथम दीख दुखु सुना न काऊ'।** महाकाव्य के वर्ण्य विषयों की सूची में मृत्यु का स्पष्ट उल्लेख है, पर जीवन में प्रथम दुख-दर्शन का निमित्त तुलसी ने बनाया है। जीवन के अनंत अनुभव-क्रमों में दु:ख का प्रथम साक्षात्कार व्यक्ति पर कैसा बीतता है, इसे कवि ने विशेष रूप से रेखांकित किया है। इस पहले देखे दुख के बाद राम इस क्रम में आगे और क्या-क्या देखते हैं, युद्ध में शक्ति से अचेत लक्ष्मण तक, और अंतत: प्रबल संघर्ष के उपरांत घर लाई गई सीता की अनुपस्थिति को, यह किसी भी ट्रैजडी के योग्य वस्तु है। बस धीरोदात्त नायक का पतन नहीं होता, और इसी में ट्रैजडी के बीच जीवन की विजय है।

भक्त कवि, विनय, शील, परोपकार जैसी मन की सद्‌वृत्तियों का अंकन करते हैं तो यह सहज-स्वाभाविक है, पर वे मन की कुटिलताओं का भी वैसी ही बारीकी में चित्रण करते हैं तो यह कुछ विलक्षण लगता है। कबीर-जायसी-सूर-तुलसी ने काम-क्रोध-ईर्ष्या-द्वेष-लोभ के विविध रूप बड़ी गहराई में उकेरे हैं। राम-भक्त के लिए मन के अँधेरों में उतरना और भी अटपटा लगता है। पर यहाँ ये सच्चे कवि हैं, अनुभव का कोई क्षेत्र उनके लिए वर्जित नहीं। तब भक्त-कवि का विरुद उनके लिए अत्यंत सार्थक लगता है। मानस में तामसिक वृत्तियों के आश्रय राक्षस तो हैं ही, इतर चरित्रों में परशुराम, मंथरा, कैकेयी, बालि, आदि को ले सकते हैं। ये कोई प्रवृत्तिगत रूप में खल चरित्र नहीं हैं। पर कुटिल भाव मन में आते कैसे हैं, इसका बड़ा सटीक उदाहरण प्रस्तुत करते हैं। कहना न होगा, ऐसे मिश्रित भावों के अवसर गोस्वामी जी तिक्त व्यंग या कि 'आयरनी' में उकेरते हैं।

ऐसे रोचक और दुष्ट, पर साथ ही विषद भाव का प्रसंग कैकेयी के भवन में उपस्थित होता है जब राम पिता दशरथ को आर्त्त रूप में देखते हैं। वहाँ कैकेयी राम के चरित्र की भूरि-भूरि प्रशंसा करते हुए उन्हें पिता के आज्ञा-पालन की सलाह देती याद दिलाती है—

तुम्ह सम सुअन सुकृत जेहिं दीन्हे। उचित न तासु निरादरु कीन्हे॥
लागहिं कुमुख बचन सुभ कैसे। मगहँ गयादिक तीरथ जैसे॥

कैकेयी के वक्तव्य में शुभ और अशुभ का मेल दिखाने के लिए कवि मगध देश में गया जैसे उन तीर्थों का स्मरण दिलाता है जो मरणोत्तर संस्कारों के लिए ख्यात हैं। व्यंग-तिक्त प्रयोग या कि 'आयरनी' का यहाँ बेजोड़ उदाहरण मिलेगा। सीधे-सरल संत कवि के साथ ऐसी वक्र उक्तियों को जोड़ना एकाएक कठिन लगता है। शब्दों, अवधारणाओं की टकराहट में से नया अर्थ कैसे व्युत्पन्न होता है, इसे तुलसी अच्छी तरह समझते थे, भले इस प्रक्रिया का सैद्धांतिक विवेचन आधुनिक साहित्य-चिंतकों द्वारा अब हुआ हो। यों कैकेयी-प्रसंग के उक्त अंकन से यह भली भाँति प्रकट हो जाता है कि दुष्टता के अध्ययन में तुलसी वैसे ही पटु हैं जैसे साधुता की समझ में।

अलंकारों में सांगरूपक तुलसी को विशेष प्रिय है, इस का उल्लेख आलोचकों द्वारा कई बार होता है। इस प्रियता के पीछे कारण क्या है, यदि इस की हम पड़ताल करें तो समझा जा सकता है कि सांग रूपक की बनावट में साम्य के दोनों पक्षों की ओर से उन के विविध अंगों को एक-दूसरे के सामने लाकर उन्हें परस्पर संपर्कित करना है, जहाँ एक व्यापकतर अर्थ की उद्भावना होती है, जो अन्य उपमा आदि सीधे तुलनामूलक अलंकारों में संभव नहीं। परिदृश्य विस्तारण के इस गुण के ही कारण सांगरूपक आधुनिक काल में बहुचर्चित बिंब-विधान के निकट आ जाता है। एक अंतर रहता है—सांगरूपक परिदृश्य का चित्रात्मक विस्तार करता है, पर चित्र के तीसरे आयाम गहराई में नहीं जा पाता। क्यों? इस का संक्षिप्त संकेत यहाँ प्रासंगिक होगा।

तुलसी के एक सांगरूपक और आधुनिक कवि प्रसाद के एक बिंब को तुलना के लिए उठाया जा सकता है। कवि के कुछ प्रसिद्ध सांग रूपक हैं—अयोध्याकांड में कैकेयी का क्रोध, प्रयाग और चित्रकूट के वर्णन, जनकजी की सेना का राम के आश्रम में पहुँचना जैसे प्रसंग अपने पूरे विस्तार और वैविध्य में सांगरूपक के सहारे अंकित हुए हैं। इस दृष्टि से संश्लिष्ट वर्णन के लिए सांगरूपक का विशिष्ट महत्त्व है। महाकाव्य की संरचना में यह एक महत्त्वपूर्ण काव्य-युक्ति कही जा सकती है। पर अर्थ के सूक्ष्म और स्वायत्त विकास की दृष्टि से बिंब की तुलना में सांगरूपक का भाषिक विधान कमजोर पड़ जाता है, क्योंकि सांगरूपक में प्रस्तुत और अप्रस्तुत का उल्लेख साथ-साथ चलता है—

दोउ बर कूल कठिन हठ धारा। भँवर कूबरी बचन प्रचारा॥
ढाहत भूपरूप तरु मूला। चली बिपति बारिधि अनुकूला॥

यहाँ एक ओर 'बर', 'हठ', 'कूबरी बचन', 'भूप', 'बिपति' का उल्लेख होता है, और दूसरी ओर 'कूल', 'धारा', 'भँवर', 'तरु' और 'वारिधि' का दृश्य खड़ा किया जाता है। प्रस्तुत का साथ-साथ चलनेवाला यह उल्लेख अप्रस्तुत विधान की सूक्ष्म व्यंजना-क्षमता को कमजोर कर देता है। इसी स्थिति को यदि बिंब रूप में विकसित किया जाए तो केवल क्रुद्ध कैकेयी की बात कहकर फिर उस के लिए बढ़ती-उमड़ती नदी का बिंब बनेगा, कैकेयी-प्रसंग का ब्यौरा अपेक्षित नहीं होगा। यह ब्यौरा दृश्यमयता भले बढ़ा दे अर्थ-प्रक्रिया को उत्तेजित-उन्मुक्त नहीं करेगा, बाह्य स्तर पर सादृश्य स्थापित करे, पर आंतरिक अर्थ-स्तरों को दूर तक नहीं खोलेगा। यों, सांगरूपक का दृश्य-विधान सहृदय की कल्पना-शक्ति को कुछ गतिशील करता है, पर वह उस दृश्यमयता में ही उलझ जाती है, अर्थ की अपनी द्वन्द्वात्मक प्रक्रिया को परिचालित नहीं होने देती।

तुलना के लिए आधुनिक बिंब-प्रक्रिया का एक उदाहरण प्रसाद से लिया जा सकता है। उनकी लंबी कविता 'प्रलय की छाया' में छायावादी काव्य के बिंबों का वैभव श्रेष्ठतम रूप में द्रष्टव्य है। कविता की प्रधान चरित्र गुजरात की रानी कमला ईर्ष्या करती है पद्मिनी के सौंदर्य, सतीत्व और जौहर से, फिर उस की मृत्यु का बदला लेने को तैयार होती है सुलतान अलाउद्दीन खिलज़ी से। पर अंत में अपनी मूल कायर मनोवृत्ति के कारण सुलतान की ही पटरानी होना स्वीकार कर लेती है। उस की इस पराजित मनःस्थिति का अंकन प्रसाद एक बिंब में यों करते हैं—

> **कृष्णागुरुवर्तिका**
> **जल चुकी स्वर्णपात्र के ही अभिमान में**
> **एक धूम-रेखा मात्र शेष थी;**
> **उस निस्पंद रंग मंदिर के व्योम में**
> **क्षीण-गंध निरवलंब।**
> **किंतु मैं समझती थी, यही मेरा जीवन है।**

रूप की पराजय का यह विलक्षण बिंब कवि ने उकेरा है, जहाँ सौंदर्य, सुगंधि का आकर्षण, तथा पराजय और जीवन की निस्सारता के भाव एक दूसरे-से-लगे-लिपटे हैं। अनुभूति-संश्लेषण का अंकन इस दृष्टि से बिंब में सर्वाधिक गहरे स्तर पर संभव है। काली अगुरु की बत्ती जो जल कर राख हो चुकी है, पर स्वर्ण-पात्र के आधार का अभिमान उस में अभी बचा है, और बची है हल्की सुगंधि में लिपटी अगुरु-धूम की अंतिम रेखा। यह समूचा चित्र एकबारगी कमला के जीवन का रूप ले लेता है। यहाँ प्रस्तुत का एकदम हल्का उल्लेख अंतिम पंक्ति में आता है—'यही मेरा जीवन है।', जबकि शेष सब कुछ अप्रस्तुत है, बिंब-रूप लिए। कहना न होगा, इस अप्रस्तुत विधान में पाठक की कल्पना को सक्रिय होने के लिए कहीं अधिक अवसर है। और तब अर्थ की अनेक संभावनाएँ यहाँ खुलती हैं, जो उसे किसी स्थिर बिंदु पर न रोक

कर सतत प्रवहमान बनाए रखती हैं। कैकेयी और कमला के चरित्रों में कुछ समानता है—दोनों मानिनी, रूपगर्विता, प्रतिशोधप्रिय हैं, और फिर दोनों का जीवन कहीं रूप की पराजय में डूब जाता है। पर कैकेयी अपनी आक्रामकता में मुखर है, जब कि कमला अपने मितकथन में करुण। सांगरूपक का विस्तार और बिंब की संश्लिष्टता इन चरित्रों के वैशिष्ट्य का जैसे अंग हो।

'रामचरितमानस' की जीवन-समग्रता में समन्वय-विधान का कई प्रकार से योग-दान है। भाषा और शैली-समन्वय का विवेचन पहले हो चुका है। भक्ति-पद्धति में निर्गुण-सगुण *(सगुनहिं अगुनहिं नहिं कछु भेदा : १/११६)*, शैव और वैष्णव *(सिव द्रोही मम भगत कहावा। सो नर सपनेहुँ मोहि न पावा : ६/२)* का समन्वय मानस की मुख्य वस्तु के अंग हैं। इसी क्रम में आता है लोक और वेद का समन्वय, जो तुलसी के अपने समय में, और आज तो और अधिक प्रासंगिक है। 'लोक-बेद' संस्कृत प्रयोग पुराण-इतिहास की तरह तुलसी में युग्म शब्द बन गया है; 'मानस' में कम से कम बीस स्थलों पर यह युग्म मिलता है। आधुनिक वामपक्षी विचारक 'लोक'-'वेद' को एक-दूसरे के प्रतिरोधी रूप में देखते हैं, जब कि संस्कृत-परंपरा और, जैसा कहा गया, तुलसी में ये दोनों एक-दूसरे के पूरक हैं। भारतीय संस्कृति दोनों को एक दूसरे का परिष्कारक मानती है। पां० वा० काणे ने अपने 'धर्मशास्त्र का इतिहास' (५/१६६) में दिखाया है किस प्रकार वेद काल में प्रचलित कुछ प्रथाओं, जैसे नियोग, गो-बलि, बड़े पुत्र को दाय भाग में अधिक देने को मनु-याज्ञवल्क्य की स्मृतियों में **'लोकविद्विष्ट'**, **'लोकविकृष्ट'** कह कर 'कलिवर्ज्य' घोषित किया गया है। यह एक प्रकार से संस्कृति की आत्मपरिष्कारक क्षमता है जो उसे प्रवहमान बनाए रखती है। कहना न होगा, मानस को तुलसी इसी प्रक्रिया का अंग बनाना चाहते हैं, जिस का बड़ा मार्मिक काव्य-चित्र आधुनिक काल में निराला ने अपने काव्य 'तुलसीदास' में उकेरा है। तुलसी का दर्शन भले 'बेद' से जुड़ा हो, जीवन-चित्रण स्पष्ट ही लोक-परंपरा के अनुरूप है। उदाहरण के लिए, मानस में राज्य-धर्म एक दोहे में कह दिया गया है रामायण तथा महाभारत में जिस के लिए अनेक स्थलों पर लंबे संवादों की योजना हुई है। चित्रकूट प्रसंग के समापन पर राम स्वयं भरत को राज्य-नय की शिक्षा देते हैं—

मुखिया मुख सो चाहिए खान पान कहुँ एक।
पालइ पोषइ सकल अँग तुलसी सहित बिबेक॥ (२/३१५)
राजधरम सरबसु एतनोई। जिमि मन माहँ मनोरथ गोई॥

यह जैसे गूढ़ राज-दर्शन का जन-संस्करण हो। संस्कृत की वंदना करके काव्य-रचना 'भाखा' में करने वाले कवि का झुकाव यदि लोक की ओर, सामान्य जन की ओर हो तो यह सहज है। यों, 'लोक-बेद' तुलसी के लिए, शब्द-प्रयोग और भावना में, एक संश्लेष है।

मानस के प्रबंध-विधान की विशेषता यह है कि यहाँ कथानक पूर्व-परिचित वृत्त है, पर जैसे लोक-माध्यमों की केन्द्रीय कौतूहल वृति को कथा-विकास में कहीं कोई

महत्त्व ही नहीं दिया गया। मुख्य बल इस बात पर है कि परंपरा से चले आते कथानक को कवि कार्य-कारण क्रम में बाँध कर एक मानवीय औचित्य प्रदान करता है। इसीलिए वृत्त परिचित पुराना है, पर उस का रचाव कवि का अपना है। इस स्तर पर हर घटना-क्रम अपने चरित्रों के वैशिष्ट्य, और कार्य-कारण संबंध से ऐसा जुड़ा है कि लगेगा जैसे इस से भिन्न इस की कोई परिणति संभव नहीं थी। यह निर्विकल्प कथायन रचना की विश्वसनीयता को हर समय प्रमाणित करता है। इसीलिए तुलसी अपने मानस में अलौकिक तत्त्वों को कम से कम प्रवेश देते हैं। यों, लोक-आग्रहों के प्रति पक्षपात रखते हुए भी कवि का विधान शिष्ट मानकों के अनुरूप चलता है, जब कि उसकी पूर्ववर्ती कृति जायसी के 'पदमावत' में लोक से शिष्ट में संक्रमण की अवस्था है। कुल मिलाकर, बात तुलसी लोक की करते हैं, पर 'बेद' के विधान में। 'लोक-बेद' के समन्वय का यह एक भिन्न स्तर है।

मानवीय संबंधों तथा व्यापक जीवन-मूल्यों की 'लोक-बेद' के सापेक्ष संदर्भ में जैसी सूक्ष्म तथा सहानुभूतिपूर्ण मीमांसा भरत के निमित्त से आयोजित चित्रकूट सभा में हुई है, वह अद्वितीय है। विश्व-साहित्य में भी उस के जोड़ का कोई आयोजन अन्यत्र हुआ है, ऐसा स्मरण नहीं आता। आचार्य शुक्ल ने इस सभा को जो एक बिंब में 'आध्यात्मिक घटना' कहा है वह बड़ा ही सटीक निरूपण है। 'आध्यात्मिक घटना' कहने का अर्थ यही होगा कि यहाँ शुद्ध व्यवहार जगत की समस्याओं का ऐसा उदात्त विवेचन हुआ है कि वह सहसा अध्यात्म का स्तर पा लेता है। भरत के हृदय की ग्लानि, उन का राम से अनुरोध कि वे वापस अयोध्या चल कर राज-काज सँभालें और वन में भरत स्वयं उनके स्थानापन्न हों, राम द्वारा पिता की आज्ञा की व्याख्या, परिवार के सदस्यों की प्रतिक्रियाएँ, ऋषि-मुनियों के तर्क-वितर्क में हस्तक्षेप, अंततः भरत द्वारा अयोध्या के राजसिंहासन पर स्थापित करने के लिए राम की खड़ाँऊँ ले जाने पर समझौता—प्रक्रिया की दृष्टि से यह समूचा व्यापार बड़ी से बड़ी संविधान / विधान-सभाओं की कार्यवाही को पीछे छोड़ देता है, तो दूसरी ओर नैतिक संदर्भों में ऐसे सहज व्यवहार उपस्थित करता है जो सदा के लिए मानवीय आचरण के प्रतिमान बन जाते हैं। इसी संदर्भ में टिप्पणी करते हुए निराला लिखते हैं, "**भरत के सामने इसीलिए तमाम प्रकृति अदब करती है—जंगम-जड़, ऋषि, मुनि, बृहस्पति, इंद्र आदि आदि संसार के साधारण से लेकर श्रेष्ठ जीव तक।**" *(दो महाकवि)*

कहना होगा कि राम-कथा की विराटता अपनी जगह है, पर उतनी विराटता को नित्य प्रति के संदर्भ में स्पंदित कर देना तुलसी का काव्य-वैशिष्ट्य है। इस समूचे घटना-क्रम के बीच में 'भायप भगति' का स्पृहणीय प्रसंग आता है। ग्राम-वासिनें राम-लक्ष्मण को वन के बीच में जाते पहले देख चुकी हैं। उस जोड़ी की तुलना भरत-शत्रुघ्न की इस दूसरी जोड़ी से वे करती हैं। उन का मानना है—'**भायप भगति भरत आचरनू। कहत सुनत दुख दूषन हरनू॥**' ऐसी आकस्मिक प्रतिक्रियाओं का प्रयोजन है भरत के असाधारण से लगते चरित्र को अनेक स्तरों पर प्रमाणित करते चलना। प्रस्तुत

प्रसंग के समापन में स्वयं राम राजा दशरथ, उन के कुल और राज्य के लिए 'लोक-बेद' की युग्म मर्यादा का स्मरण दिलाते हुए जैसे भरत के आचरण को दिशा देते हैं—

पितु आयसु पालिहिं दुहु भाई। लोक बेद भल भूप भलाई॥ (२/३१५)

सामान्य हों या विशिष्ट अनेक अवसरों पर कवि लोक बेद की दुहाई देना नहीं भूलता।

चित्रकूट सभा के प्रसंग में ध्यान देने की बात है कि इतने बड़े रचना-आयोजन का जैसे एक पूर्वाभ्यास कवि प्रयाग-सभा के अंतर्गत कर लेता है। भरद्वाज के आश्रम पर भी पूरा समाज जुटता है—'**प्रमुदित तीरथराज निवासी। बैखानस बटु गृही उदासी॥**' भरत की ग्लानि का अत्यंत मार्मिक प्रसंग यहाँ से चल कर चित्रकूट में सघन होता है। ग्लानि की अभिव्यक्ति और उस विषय में स्वयं भरत का स्पष्टीकरण तो उन के ननिहाल से अयोध्या लौटने पर ही आरंभ हो जाता है, जब माता कौसल्या के सामने उनका भावावेग में लंबा संवाद चलता है—'**जे अघ मातु पिता सुत मारें। गाइ गोठ महिसुर पुर जारें...**' (२/१६७) पर उस का सार्वजनिक रूप प्रयाग में सामने आता है (२/२०६), जो चित्रकूट में शीर्ष पर पहुँच जाता है (२/२६०)। भरत के चित्रकूट-वक्तव्य-क्रम को कवि ने 'भरत भारती मंजु मराली' कहा है, जैसे काव्य का सत यहाँ केन्द्रीभूत हो गया हो—भरत की जिह्वा पर साक्षात् सरस्वती उतर आईं। चित्रकूट-सभा संपन्न हो जाने पर भी भरत के अंतःकरण के किसी कोने में यह ग्लानि बनी रहती है। लंकाकांड में इस का परिशिष्ट आता है जब हनुमान लक्ष्मण के उपचार के लिए संजीवनी बूटी का पर्वत लिए वापस लौटते होते हैं। भरत उन्हें ऊपर उड़ता राक्षस समझ कर बिना फल का बाण मारते हैं, हनुमान पर्वत लिए नीचे गिरते हैं राम नाम का स्मरण करते हुए। भरत को अपनी भूल का एहसास होता है, और तब हनुमान संक्षेप में इस बीच का सारा इतिवृत्त बताते हैं। यह जान कर कि लक्ष्मण रण-भूमि में मूर्च्छित पड़े हैं, और राम उन के लिए विलाप कर रहे हैं, भरत के हृदय में फिर पुरानी गाँस सालती है। वे सोचते हैं कि इस सारे विपत्ति-क्रम के लिए वे स्वयं उत्तरदायी हैं। किसी क़दर शांत हुई ग्लानि उभर आती है। कवि कहता है—

कपि सब चरित समास बखाने। भए दुखी मन महुँ पछिताने॥
अहह दैव मैं कत जग जायउँ। प्रभु के एकहु काज न आयउँ॥ (६/६०)

यों भरत के मन की ग्लानि शांत तभी होती है जब राम वनवास के बाद सीता सहित अयोध्या वापस आते हैं। काव्यशास्त्र के अंतर्गत ग्लानि एक संचारी भाव माना जाता है। मानस में भरत की ग्लानि एक अंतर्वर्त्ती धारा रूप में प्रवाहित है, और कई स्थलों पर जैसे रस-रूप में उस का परिपाक होता है।

भरत का चरित्र पूरी तरह मानवीय संदर्भों में चलता है, उस में अलौकिक कुछ भी नहीं। इधर तुलसी के राम का चरित्र आद्योपांत द्विस्तरीय है, वे परब्रह्म हैं तो पूरे मनुष्य भी। शक्ति-शील-सौंदर्य के संश्लेष हैं, और सामान्य मनोविकारों के आश्रय भी हैं। राम का विरह (अरण्यकांड/किष्किंधाकांड), लक्ष्मण के लिए विलाप (लंकाकांड), समुद्र

पर क्रोध (सुंदरकांड), राम की कौतुकप्रियता (लंकाकांड के आरंभ में युद्ध के लिए सन्नद्ध सेना के बीच में राम की बुझौवल कि चंद्रमा में कलंक का कारण क्या है) जैसे प्रसंग उन के मनुष्यत्व को रेखांकित करते हैं, जैसे कि राम के चरित्र में बालि-वध के एकमात्र धब्बे को आचार्य शुक्ल उन का मानव सुलभ स्खलन मानते हैं, जो उन के मनुष्य होने को प्रमाणित करता है। राम के कौतुकी रूप-चित्रण के संदर्भ में आधुनिक इटैलियन कथाकार इको के विख्यात बृहदाकार उपन्यास 'द नेम ऑफ द रोज़' का वह महत्त्वपूर्ण प्रकरण याद आता है जहाँ एक मध्ययुगीन ईसाई मठ में यह प्रश्न सहसा उठता है कि क्या क्राइस्ट कभी हँसे थे? तुलसी ने राम के प्रसंग में ऐसी शंका के लिए कोई स्थान नहीं छोड़ा—'**पवन तनय के बचन सुनि बिहँसे रामु सुजान**'। राम का परमब्रह्मत्व हमारे लिए सुरक्षादायक है तो मनुष्यता आश्वस्तिकारी कि उन का चरित्र अनुकरणीय तो है ही अनुकरणशक्य भी है।

महाकाव्य के विस्तृत विधान में बिंदु-प्रतिबिंदु का रूप (Point Counterpoint) बहुत कुछ शास्त्रीय संगीत जैसा देखा जा सकता है। परब्रह्म और सामान्य मनुष्य की अवतारणा तो वस्तु के स्तर पर है। रचना के कई अन्य स्तरों पर ऐसी बनावट मिलेगी। इस क्रम में स्वर आरोह के एक बिंदु पर पहुँच कर वापस लौटता है विलोम दिशा में नीचे, या कुछ अवकाश के अनंतर फिर क्रमशः उठ कर पहुँचता है आरोह के दूसरे बिंदु पर। बिंदु-प्रतिबिंदु के अंतर्गत यों दोनों स्थितियों में एक वज़न साधा जाता है, समतौल तक पहुँचने की कोशिश होती है। सच पूछिए तो यह जीवन का ही प्रतिरूप है। कथा में राम के लिए राज्यसिंहासन का निर्णय, और फिर वनवास की आज्ञा इसी क्रम में देखे जा सकते हैं।

विराट् जीवन-राग की बनावट में बिंदु-प्रतिबिंदु (Point Counterpoint) की यह अवधारणा जैसे मानव जीवन का रूपक हो। इस प्रक्रिया में तराजू के पलड़े ऊपर-नीचे करते-करते संतुलन पाने का अनवरत यत्न है, जिसे कहें तो नियति हमारे लिए बराबर साधती रहती है। संगीत की अपनी लक्षणा उठाएँ तो आरोह-अवरोह के क्रम में यह बार-बार सम पर लौटना है। इस सम-संतुलन को तुलसी बहुचर्चित समन्वय या कि विरुद्धों के सामंजस्य में तलाशते हैं। कहना न होगा, अन्य कलाओं की तरह मानस के स्थापत्य का यह निर्देशक सिद्धांत है। परवर्त्ती वाङ्मय में उल्लेख आता है कि जो प्रतिरूप होता है, वह शिल्प होता है *(यद् वै प्रतिरूपं तच्छिल्पम्)*। यहाँ अपने ग्रंथ 'वैदिक संस्कृति' में गोविंदचंद्र पांडे ने बड़ी अर्थगर्भ टिप्पणी की है—''प्रतिरूपता का अर्थ यथार्थ चित्रण न होकर सांकेतिक सादृश्य विधान है, जिसे फ्रांसीसी सिम्बोलिस्ट कवियों ने कॉरेसपॉण्डेन्स कहा है।'' (पृ० ३८१) मानस-शिल्प के रूपक में यह सावधानी-संकेत अच्छी तरह समझा जा सकता है।

रचना साधने का ढंग तुलसी के विस्तृत कथा-विधान और चरित्रांकन में द्रष्टव्य है। कैकेयी और सुमित्रा के बीच कोसल्या, राम और लक्ष्मण के बीच भरत, दशरथ और जनक या कि लक्ष्मण-परशुराम तथा गुरु वसिष्ठ-निषादराज गुह के बीच राम, राम-

रावण के बीच विभीषण, सीता-शूर्पणखा के बीच मंदोदरी—यह चारित्रिक आमना-सामना और इनकी अंतर-क्रिया काव्य के इतने विशाल स्थापत्य को एक साथ स्पंदित किए रहती है। सिंहासन और वनवास के मध्य जीवन-गति साधने का यही रहस्य है, अयोध्याकांड के मंगलाचरण में स्तुत्य राम की मुख श्री है जिसका तुलसी द्वारा संकेतित चरम प्रतीक! यों, मानस-लोक में हर्ष-विषाद, सुखांत-दुखांत के बीच जीवन सतत प्रवहमान है, बिंदु-प्रतिबिंदु के बीच संगीत-लय की तरह जहाँ ऊँचे स्वर का वज़न नीचे स्वर से भी सधता है और कुछ आगे बराबर के स्वर से भी। चारित्रिक तीव्रताओं के बीच एक तरह का मध्यम मान निकालने का यत्न चलता रहता है, सर्वत्र काम्यता की दृष्टि से नहीं, यथार्थान्वेषण की दृष्टि से।

बिंदु-प्रतिबिंदु प्रक्रिया का एक रोचक उदाहरण स्वयं राम-कथा के प्रति कवि के दृष्टिकोण को लेकर उभरता है। बालकांड की प्रस्तावना में राम-कथा और राम-नाम की महिमा का अनेक प्रकार से बखान किया गया है। शिव-पार्वती संवाद में शिव और अन्यत्र सीधे कवि उसकी कई रूपों में व्याख्या करते हैं—'राम-कथा सुरधेनु सम', 'राम-कथा सुंदर कर तारी', 'राम-कथा कलि बिटप कुठारी', या 'राम नाम कर अमित प्रभावा', 'रामनाम बिनु गिरा न सोहा।' आगे तो राम-कथा स्वयं ही वर्णित है। बाद में उत्तरकांड में, कथा समेटते हुए कवि फिर राम-कथा और राम-नाम का माहात्म्य बार-बार बताता है। और अंत में काव्य के एकदम अंतिम दोहे में वह एक विचित्र हीनोपमा का सहारा लेता है—

कामिहि नारि पिआरि जिमि लोभिहि प्रिय जिमि दाम।
तिमि रघुनाथ निरंतर प्रिय लागहु मोहि राम॥

कवि तुलसीदास को जैसे निराला के 'तुलसीदास' की तरह, रत्नावली-प्रसंग स्मरण हो आया हो। ध्यान देने की बात है कि जिन मनोविकारों को त्याज्य बताया गया है उन्हीं की प्रियता से राम की प्रीति उपमित हुई है यहाँ। संगीत का स्वर जैसे अवरोह के निम्नतम बिंदु पर पहुँच गया हो। और फिर सहसा अंत के दो संस्कृत श्लोकों में स्वर उठ कर सम पर पहुँच जाता है। अंतिम श्लोक का अर्थ है—''यह श्रीरामचरितमानस पुण्यरूप, पापों का हरण करने वाला, सदा कल्याणकारी, विज्ञान और भक्ति को देने वाला, माया, मोह और मल का नाश करने वाला, परम निर्मल प्रेमरूपी जल से परिपूर्ण तथा मंगलमय है। जो मनुष्य भक्तिपूर्वक इस मानसरोवर में गोता लगाते हैं, वे संसाररूपी सूर्य की अति प्रचंड किरणों से नहीं जलते।'' इस फलश्रुति के सम पर रचना का समापन होता है। यों भी, उत्तरकांड के अनेक प्रसंग स्थापत्य के उपवन-स्वरूप सुखांत-दुखांत को समोते हुए, शांत रस की अवतारणा करने की दृष्टि से नियोजित हैं।

उत्तरकांड में सामान्य दार्शनिकों की तरह तर्क-प्रणाली चलती है; दोहा संख्या ८९ से ९६ तक इस का प्रतिनिधि रूप द्रष्टव्य है। कथा-विधान की दृष्टि से यहाँ पर्यालोचन का समय है। तब जिज्ञासा और समाधान का क्रम अनुकूल लगता है, जिस के प्रमुख

भागीदार हैं साक्षी चरित्र गरुड़ और काकभुशुंडि, जिन का संवाद जगह-जगह आत्म-मंथन का रूप ले लेता है। अयोध्याकांड में यदि काव्य का उत्कर्ष है तो यहाँ दर्शन का, जब कि पूरी रचना के विस्तार में दोनों का संगमन हुआ है। सामान्यतः तो कह सकते हैं कि काव्य और दर्शन, ज्योतिष के मुहाविरे में, एक दूसरे को शत्रु भाव से देखते हैं। एक बड़ा कवि ही दोनों को अनुशासित करके एक को दूसरे का उपकारक बनाता है। निराला के संदर्भ से इस प्रश्न पर कुछ चर्चा पहले भी हो चुकी है।

दार्शनिक विवेचन के इस क्रम में तुलसी स्पष्ट ही भक्ति का पक्ष बड़ी क्षमता और कुशलता के साथ प्रस्तुत करते हैं। इस संदर्भ में उनका तीखा आक्रमण अद्वैतवादी दर्शन पर होता है। अद्वैतवाद, कहना न होगा, भारतीय धर्म-दर्शन परंपरा की श्रेष्ठतम उपलब्धियों में है। उसे सीधे-सीधे आक्रमण का लक्ष्य बनाना बड़े रचनात्मक और दार्शनिक साहस की अपेक्षा रखता है। दोनों स्तर पर की तैयारी के बाद तुलसी कलि-वर्णन के प्रसंग में अद्वैत-विरोध का प्रदर्शन करते हैं। कहते हैं—

पर त्रिय लंपट कपट सयाने। मोह द्रोह ममता लपटाने॥
तेइ अभेदबादी ग्यानी नर। देखा मैं चरित्र कलिजुग कर॥

अद्वैतवाद की ऐसी कठोर और खुली आलोचना बड़े से बड़े दार्शनिक शास्त्रार्थ में न हुई होगी।

निर्गुण-सगुण विवाद कई स्तरों पर चलता है। उत्तरकांड में काकभुशुंडि संवाद के मूल में यह विवाद ही है, क्योंकि इस विवाद में पड़ने से ही लोमश ऋषि के शापवश पूर्व में ब्राह्मण युवक काक हो गया। लोमश निर्गुण का प्रतिपादन कर रहे थे जब कि जिज्ञासु ब्राह्मण सगुण का पक्ष समर्थन करता रहा। अंततः क्रुद्ध होकर ऋषि ने शाप दिया—'**सठ स्वपच्छ तब हृदयँ बिसाला। सपदि होहि पच्छी चंडाला।**' फिर वे ही ऋषि अपने आप पर पश्चात्ताप करते हैं और काकभुशुंडि को बुलाकर उसे राममंत्र देते हैं (७/१११-११३)। निर्गुण पर सगुण की विजय का जो अभिप्राय सूरसागर के भ्रमरगीत प्रसंग में विस्तार से अंकित हुआ है, उस का एक अपेक्षया संक्षिप्त सघन रूप मानस के उत्तरकांड में आता है जहाँ लोमश ऋषि उद्धव से सहज तुलनीय हैं। यह ठीक है कि सूर द्वारा भक्ति के पक्ष का उपस्थापन जैसा काव्यात्मक है वैसा तुलसी का नहीं, जो कि उत्तरकांड के सामान्य स्वभाव के अनुकूल ठेठ दार्शनिक अधिक है। कुल मिलाकर अपने काव्य में कृष्ण-भक्ति का सैद्धांतिक प्रतिपादन जहाँ सूर करते हैं, वहीं तुलसी भी 'राममंत्र' *('हरषित राममंत्र तब दीन्हा')* का दार्शनिक औचित्य प्रमाणित करते हैं।

ज्ञान और भक्ति के बीच वरेण्यता का विवाद भी पंडित-मंडली के बीच बराबर चलता है। इस प्रसंग में तुलसी का तर्क-कौशल अत्यंत विचक्षण रूप में सामने आता है। संवाद-क्रम में गरुड़ प्रश्न करते हैं—'ग्यानहि भगतिहि अंतर केता'। काकभुशुंडि समाधान करते हैं बड़ी सावधान शालीनता के साथ—

भगतिहि ग्यानहि नहिं कछु भेदा। उभय हरहिं भव संभव खेदा॥
नाथ मुनीस कहहिं कछु अंतर। सावधान सोउ सुनु बिहंगबर॥ (७/११५)

बहुत-कुछ इसी मुद्रा में कवि सगुण-निर्गुण के आत्यंतिक अंतर का प्रत्याख्यान कर चुका है बालकांड के शिव-पार्वती संवाद में—'सगुनहि अगुनहि नहिं कछु भेदा' (१/११६)। यह तुलसी की प्रिय शैली है। पहले वे दार्शनिक प्रपंचों की आत्यंतिकता का निरसन करेंगे, और तब अत्यंत शिष्टता के साथ किसी एक महीन पर व्यावहारिक तर्क का सहारा लेते हुए प्रस्तुत विवाद में अपना पक्ष बड़े निर्भ्रांत ढंग से प्रस्तुत करेंगे। ज्ञान और भक्ति *(जिसे कहीं प्राथमिकता बदलते हुए वे भक्ति और ज्ञान भी कहेंगे)* का द्वन्द्व वे इसी प्रकार निबेटते हैं। प्रतिज्ञा तो वे यह रखते हैं कि 'इहाँ न पक्षपात कछु राखउँ। बेद पुरान संत मत भाषउँ।' पर इस 'भाषउँ' में ही तो वक्ता का पक्ष व्यंजित होता है।

यह 'भाषउँ' बड़े तारतमिक ढंग से चलता है। कवि का तर्क है—

मोह न नारि नारि कें रूपा। पन्नगारि यह रीति अनूपा॥
माया भगति सुनहु तुम्ह दोऊ। नारि बर्ग जानइ सब कोऊ॥ (७/११६)

अब क्योंकि माया और भक्ति दोनों स्त्री-रूप हैं, अत: भक्ति (कहना चाहिए भक्त!) माया पर मुग्ध नहीं होती। यों भक्ति माया से बचाव का सहज साधन है, ज्ञान नहीं जो कि पुरुष वर्ग में आता है और माया पर अनायास आसक्ति रखता है। यह उत्तरार्द्ध की बात कवि भूमिका-रूप में पहले ही रख चुका है—'ग्यान बिराग जोग बिग्याना। ए सब पुरुष सुनहु हरिजाना॥' अर्थात् ज्ञान, वैराग्य, योग, विज्ञान—ये सब पुरुष वर्ग के हैं, अत: माया के स्त्री-रूप पर सहज मुग्ध हो जाते हैं। तब भक्ति ही अकेली माया के प्रपंच से व्यक्ति को बचा सकती है, अपनी प्रकृति में अवेध्य है। यों एक भोले-से लगते सामान्य व्याकरणिक तर्क के सहारे कवि दर्शन के एक गहन विवाद में अपना पक्ष समर्थित करता है। यह कवि की वही विनम्रता है जिसे वह बालकांड की प्रस्तावना में निवेदित कर चुका है—'कबि न होउँ नहिं चतुर कहावउँ'।

यहाँ इस ओर भी ध्यान दिलाना प्रासंगिक होगा कि उत्तरकांड के दार्शनिक विवेचन के लिए कवि ने गरुड़-काकभुशुंडि संवाद का जो नियोजन किया है, वह भारतीय ज्ञानमीमांसा *(और अन्यत्र भी जैसे कि यूनान)* के सर्वथा अनुकूल है। सार्वजनिक रूप में शास्त्रार्थ, और व्यक्तिगत स्तर पर संवाद-विवाद यही यहाँ ज्ञान-विकास का स्वीकृत माध्यम रहा है। इस प्रश्नोत्तर शैली के कुछ अधिक ख्यात प्रसंग हैं—उपनिषदों का यम-नचिकेता संवाद अथवा महाभारत में युधिष्ठिर-यक्ष प्रश्नमाला। ये प्रश्नोत्तर कभी प्रहेलिका रूप में भी चलते हैं, जिनमें से कुछ उतरते हुए सामान्य लोक-जीवन में आ गए हैं—'जल से पतला कौन है, कौन भूमि से भारी?', इस शैली का लंबा व्यवस्थित उपयोग तुलसी ने उत्तरकांड में किया है, जहाँ चाहें तो 'उत्तर' में श्लेष भी माना जा सकता है। गरुड़ के सात प्रश्नों के *('सप्त प्रस्न मम')* तो सीधे उत्तर काकभुशुंडि देते हैं। (१२१)

इस प्रश्नोत्तर शैली में विवेचन के साथ-साथ, और उस के माध्यम से, कवि ने ज्ञान और अनुभव से प्राप्त कुछ अन्य विचार-सामग्री भी प्रस्तुत की है। गरुड़ ने सातवाँ प्रश्न पूछा था 'मानस रोग कहहु समुझाई'। उत्तर में मानस-रोगों की एक लंबी सूची ज्ञानी भक्त काकभुशुंडि प्रस्तुत करते हैं। 'सुनहु तात अब मानस रोगा' (१२१) कहते हुए वे मोह से आरंभ करते हैं, और काम, लोभ, क्रोध का उल्लेख करते हैं इस टिप्पणी के साथ कि यदि ये तीनों मिल जाते हैं तो वैद्यक की लक्षणा में वात, कफ, पित्त के संयोग से सन्निपात हो जाता है। सूची आगे इस प्रकार बढ़ती है—ममता, ईर्ष्या, हर्ष-विषाद, द्वेष, दुष्टता, कुटिलता, अहंकार, दंभ, कपट, मद और मान, तृष्णा, इच्छाएँ, मत्सर और अविवेक। इन मानस-शूलों की साथ-साथ तुलना शारीरिक रोगों से होती चलती है—ममता दाद है, ईर्ष्या खुजली है आदि। अनेक कष्टों की यह मन:शारीरिक व्याख्या है। तब राम-कृपा से ही इन का उपचार संभव है। मानस-शूलों की इस सूची में शीर्षस्थ हैं काम और लोभ। इस संदर्भ में पहले संकेतित काव्य के अंतिम दोहे में राम के प्रति अनुराग की जो तुलना कामी की नारी के प्रति आसक्ति, या लोभी के धन के लिए आकर्षण से की गई है वह अपने में विलक्षण है। इन मानस-शूलों के विवेचन के साथ 'रामचरितमानस' के शीर्ष आलोचक रामचंद्र शुक्ल के मनोविकार संबंधी निबंधों का अध्ययन अपने में रोचक होगा। एक महत्त्वपूर्ण अंतर यह है कि आलोचक ने कवि द्वारा निर्दिष्ट मानस-शूलों को सर्वत्र अवांछनीय नहीं माना है।

उत्तरकांड के विधान में एक कुशल आयोजना है रामराज्य और कलि-वर्णन को आमने-सामने रखने में। सामना करने के कई परिणाम देखे जा सकते हैं। दोनों परिदृश्य का विरोध दरसाना तो अपनी जगह है ही। तब इसी से निकलता है क्या करणीय है और क्या अकरणीय! इस अनुक्रम में पहले आता है रामराज्य का वर्णन (२०-३१) प्राय: बारह दोहों के विस्तार में, और फिर है कलि-वर्णन (९६-१०४) इस से कुछ कम, नौ दोहों में। लक्षित करने की बात यह है कि रामराज्य तो रचना के अपने वर्तमान में प्रतिष्ठित है, जब कि कलियुग, वर्णनकर्त्ता काकभुशुंडि के अनुसार, पूर्व के किसी एक कल्प में था—'पूरुब कल्प एक प्रभु जुग कलिजुग मल मूल'। रामराज्य के वर्णन का व्याकरण वर्तमान काल में चलता है, कलियुग का भूतकाल में। यों, कवि ने इस अतीत के कलियुग में अपने समय को प्रक्षिप्त किया है, और वास्तविक रामराज्य की कामना की है। आज का वर्णनकर्त्ता कथाकार मानवीय काल का अनुशासन कई प्रकार से करता है, पर कवि के अपने समय में प्रचलित अपेक्षया स्थिर देश-काल को इस प्रकार दोलायमान कर सकना तुलसी का अद्‌भुत रचना-कौशल है। साथ ही द्रष्टव्य यह भी है कि मर्यादा और आदर्श का कुशल चितेरा कैसे यथार्थ का निर्मम अंकन करता है। वर्णन न इधर ऊना पड़ता है न उधर। यहाँ भी जैसे दोनों को तौल कर सम पर पहुँचने की कोशिश है। अंततः कवि द्वारा उत्तरकांड के इस काल-विपर्यय की एक व्यंजना यह भी है कि उस पिछले कठोर कलियुग का समय काकभुशुंडि ने जैसे बिताया उस का अनुभव उन्हें रामचरित की ओर ले गया। संकट ने उन्हें जीवन-यापन

का नया अवसर दिखाया, क्योंकि कलिकाल की एक बड़ी विशेषता भी है—

कलिजुग सम जुग आन नहिं जौं नर कर बिस्वास।
गाइ राम गुन गन बिमल भव तर बिनहिं प्रयास॥ (१०३)

यों 'रामचरितमानस' की रचना, स्वयं कवि के अनुसार, कलि-काल का एक काम्य उप-फल कहा जा सकता है।

सारे प्रश्नोत्तर और दार्शनिक विवेचन के बाद मानस का समापन सरोवर के स्थापत्य में होता है। काल की भारतीय अवधारणा वृत्ताकार, या कि वर्तुलाकार कही गई है। रामचरितमानस का विधान किसी क़दर इस का अनुसरण करता है। इस के लिए काव्य की रचना-प्रक्रिया कई भंगिमाएँ लेती है। रामराज्य, कलि-वर्णन और फिर उसे वापस किसी पूर्व कल्प में प्रक्षिप्त करना, उसी गति का जैसे अंग हो। इस के अतिरिक्त मानस के कई वक्ता-श्रोता क्रमों में भी विपर्यय का आभास कुछ जान-बूझ कर रक्खा गया है। काव्य के आरंभ में कवि ने मानस का जो रूपक बाँधा है, उस की निष्पत्ति समापन में होती है। इस रूपक में फिर काव्य-सरिता के प्रवाह के साथ-साथ मानस के मुख्य कथा-प्रसंगों को जोड़ा गया है (१/४०-४३), ऋतु-चक्र की संगति में। यों मानस, कविता-प्रवाह, और उस के जल की विविध ऋतुओं में स्थिति—ये सभी रूपक परस्पर संश्लिष्ट हो गए हैं। उत्तरकांड के मध्य में जैसे इस विशाल रूपक को समेटा गया है, और तब काव्य की एक विषय-सूची अब सारांश की तरह प्रस्तुत हुई है (७/६४-६८)। काकभुशुंडि किस प्रकार गरुड़ को कथा सुनाते हैं, यह बताया गया है, और यहाँ रामचरित सरोवर का संकेत फिर आता है—'रामचरित सर कहेसि बखानी'। इसी प्रक्रिया का अंग है जहाँ कवि राम के शिशु रूप को पुनः स्मरण करता है (७/७६) सारी कथा कह चुकने के बाद। आधुनिक मुहाविरे में यह खुले अंत वाला काव्य कहा जाएगा, या कि प्रौस्टले का 'समय-नाटक' जहाँ कथानक पूरा होते-होते फिर आरंभ हो जाता है। सरोवर का रूपक अंतिम श्लोक तक चलता है, अब फलश्रुति के रूप में—'श्रीमद्रामचरित्रमानसमिदं भक्त्यावगाहन्ति ये...', और आरंभ के लंबे वंदना-प्रकरण के तुरंत बाद रामचरितमानस की नाम-व्याख्या से जुड़ जाता है—

रामचरितमानस एहि नामा। सुनत श्रवन पाइअ बिश्रामा॥
मन करि बिषय अनल बन जरई। होइ सुखी जौं एहिं सर परई॥ (१/३५)

लगेगा कि फल-श्रुति प्रांगण के सरोवर में है, मूल रचना है मंदिर का विशाल स्थापत्य!

६

मीराँबाई : सीधी अभिव्यक्ति—कविता और व्यक्तित्व का तादात्म्य

मीराँ का काव्य उन विरल उदाहरणों में है जहाँ रचनाकार का जीवन और काव्य एक-दूसरे में घुल-मिल गए हैं, परस्पर के संपर्क से वे एक-दूसरे को समृद्ध करते हैं। इसका अर्थ यह भी है कि जीवन-वृत्त से अलग किए जाने पर इस काव्य की सर्जनात्मक क्षमता घट जाती है। मिलता-जुलता नारी-चरित्र होने के कारण गोपियों की विरह भावना का अध्यारोपण मीराँ पर आसानी से हो जाता है। उनका काव्य सूर द्वारा विस्तार में चित्रित गोपियों की विरहोन्मुखता का 'डिटेल' या ब्यौरा है। जीवन-वृत्त में ब्रज की गोपियों से, और रचना-धर्मिता में सूरदास से एकबारगी साम्य मीराँ के पदों में अतिरिक्त तीव्रता भरता है।

सूर के काव्य में गोचारण वातावरण की जो स्वच्छंद तन्मयता है उसकी जगह मीराँ में राजस्थान से ब्रज की प्रणय-यात्रा की उदग्रता है। ब्रज, राजस्थान और गुजरात में कृष्ण-लीला की दृष्टि से जो सांस्कृतिक एकता रही है, मीराँ की काव्यभाषा में वह भलीभाँति प्रतिफलित होती दिखती है। मीराँ का प्रणय-संचरण जैसे उनके भाषिक स्वरूप से जुड़ा हुआ है। मुरली-प्रसंग में सूर ने जो लिखा है—

उकठे तरु भए पात पाथर पर कमल जात
आरज पथ तज्यौ नात ब्याकुल नर-नारी।

उसका जीवंत साक्ष्य है मीराँ का व्यक्तित्व और कृतित्व। 'आरज पथ' का त्याग गृहस्थ जीवन में सिर्फ कृष्ण के नाते से ही स्वीकार्य है।

कृष्ण-लीला, ब्रज की संस्कृति और ब्रजभाषा की पद-परंपरा एक-दूसरे से जुड़ कर तो विकसित हुए ही, उत्तरी भारत की शास्त्रीय संगीत परंपरा भी इस प्रभाव से गतिशील होती रही। ध्रुपद-धमार से लेकर खयाल और भजन तक के पद या बोल ब्रजभाषा में रहे, और इस परंपरा के अधिकतर प्रसिद्ध संगीत घराने ब्रज-क्षेत्र में विकसित हुए—आगरा, जयपुर, ग्वालियर आदि। अवधी में 'रामचरितमानस' जैसी विराट् कृति सिरजने पर भी तुलसी जब पदों की रचना करते हैं तो ब्रजभाषा में। इस संगीत-परंपरा के चरित-नायक या तो शिव हैं—जो स्वयं कलाओं के अधिष्ठाता देवता हैं—या फिर कृष्ण जिनके माध्यम से संगीत और कलाओं का प्रवेश गृहस्थ-जीवन में होता है। शास्त्रीय संगीत के बोल कलावंतों ने बहुत बार स्वयं बनाए और पद लिए तो अधिकतर सूर, मीराँ तथा अन्य कृष्णभक्त कवियों के। इन दोनों विधाओं का पारस्परिक

संपर्क भी बना रहा। यों इस क्षेत्र की मानसिकता बनाने में काव्य और संगीत की संपृक्त भूमिका बहुत दूर तक सक्रिय रही है।

ब्रज-क्षेत्र की कला और कविता में कृष्ण का अभेद यदि किसी से है तो शिव से। तुलसीदास ने रामचरितमानस में राम को शिव का आराध्य दिखाया है और शिव को राम का। पर सूरदास कृष्ण और शिव में अभेद देखते हैं। भारतीय देव-माला में राम का चरित्र आदर्श की दृष्टि से मर्यादा पुरुषोत्तम का, और रचना-प्रक्रिया के संदर्भ में सीधा-सादा माना जाता है। कृष्ण और शिव जैसे तनाव या अंतर्विरोध यहाँ नहीं दिखाई देते। राम और कृष्ण के चरित्र में जो अंतर दीखता है, जो किंवदंती के अनुसार तुलसी को मस्तक नवाने के पहले कृष्ण से 'धनुष बान लेहु हाथ' कहने के लिए प्रेरित करता है, वह कृष्ण और शिव के बीच नहीं है। तब यह अकारण नहीं कि सूर ने कृष्ण और शिव के चरित्र में साम्य परिलक्षित किया है—

सखी री नंदनंदन देखु,
धूरि-धूसरि जटा-जूटिल हरि किये हर-भेषु।
नील पाट पिरोइ मनिगन फनिग धोखे जाइ,
खुनखुना कर, हँसत हरि, हर नचत डमरू बजाइ।

\+ \+ \+

देखि अंग-अनंग डरप्यो नंद-सुत हर जान,
सूर के हिरदय बसौ नित स्याम-सिव को ध्यान॥

मीराँ के अनेक पदों में अपने प्रिय के लिए जो 'जोगी' संबोधन और तदनुसार रूप-विधान आता है वह सूर के इस 'स्याम-सिव' ध्यान से तुलनीय है। 'जोगिया से प्रीत कियाँ दुख होई', 'जोगी मत जा मत जा मत जा', 'जोगी म्हाँने, दरस दियाँ सुख होइ', 'जोगिया ने कहज्यो जो आदेश' में पद का आरंभ जोगी या जोगिया के उल्लेख से होता है और अंत में गिरिधर नागर या स्याम का ध्यान आता है। प्रेम और भक्ति के संपृक्त रूप में आलंबन के लिए कृष्ण और शिव का यह संपृक्त रूप आदर्श है। व्यक्तिगत संदर्भ से विशेषत: मीराँ के कृतित्व में प्रेम और भक्ति के पक्ष सहज भाव से घुल-मिल गए हैं। यह संपृक्त अनुभूति, जो कबीर और जायसी में अलग-अलग रहस्यवादी प्रतीक-पद्धति में ढलती है और सूर में कृष्ण-राधा का प्रणय-चित्र बनती है, मीराँ में सहज आत्मानुभूति का गीत बन जाती है।

कबीर की ही तरह मीराँबाई की काव्यभाषा के आधार में कई बोली-रूप मिश्रित हैं। 'मीराँबाई की पदावली' की भूमिका में परशुराम चतुर्वेदी ने दिखाया है कि मीराँ में चार भाषा-स्तरों का प्रयोग है—

१. राजस्थानी—

थें तो पलक उघाड़ो दीनानाथ, मैं हाजिर-नाजिर कब की खड़ी
साजनियाँ दुसमण होय बैठ्याँ, सब ने लगूँ कड़ी

२. ब्रजभाषा—

यह विधि भक्ति कैसे होय
मण की मैल हिय तें न छूटी, दियो तिलक सिर धोय

३. पंजाबी—

हो कानाँ किन गूँथी जुल्फाँ कारियाँ

४. गुजराती—

प्रेमनी-प्रेमनी-प्रेमनी रे, मने लागी कटारी प्रेमनी
जल-जमुनाँ माँ भरवाँ गयाँताँ, हती गागर माथे हेमनी रे

इस प्रसंग में अंतर्वर्त्ती शाखा की आधुनिककालीन भाषाओं और उनकी पारस्परिक स्थिति के संबंध में ग्रियर्सन का मंतव्य अनायास स्मरण हो आता है। ग्रियर्सन ने लिखा है, "जिस प्रकार पंजाबी उत्तर पश्चिम में मध्यदेश की प्रसरित भाषा का प्रतिनिधित्व करती है, उसी प्रकार राजस्थानी उसके दक्षिण-पश्चिम में प्रसरित भाषा का प्रतिनिधित्व करती है। इस अंतिम प्रसार-कार्य में मध्यदेश की भाषा राजस्थानी क्षेत्र से होती हुई गुजरात के समुद्र तट तक पहुँच गई है। यहाँ यह गुजराती का रूप धारण कर लेती है।" (भाषा-सर्वेक्षण १ : १ पृ० ३१४) मीराँबाई की काव्यभाषा के उपर्युक्त विविध आधार मानों ग्रियर्सन के इस भाषावैज्ञानिक पर्यवेक्षण को व्यावहारिक रूप में संपुष्ट करते हैं, और ब्रजभाषा-राजस्थानी-पंजाबी-गुजराती की तात्त्विक एकता को प्रदर्शित करते हैं। ब्रज से द्वारका तक चलने वाली कृष्ण-भक्ति की यात्रा ने जैसे इन भाषा-रूपों को परस्पर मिला दिया हो। मीराँ की अपनी काव्य-यात्रा इसी के समानांतर है। यहाँ यह स्मरणीय है कि मीराँ ने अपने पूरे के पूरे पद इन अलग-अलग बोली-रूपों में नहीं लिखे, वरन् अधिकतर उनकी आधार-भाषा में इन कई भाषिक तत्त्वों का मिश्रण हो गया, प्रधानता ब्रज और राजस्थानी की है।

मीराँ की काव्यभाषा में सर्जनात्मक क्षमता कम है। सूर या तुलसी जैसा भाषा का कुशल प्रयोग नहीं दिखाई देता। यहाँ लोकगीतों की तरह सीधी अभिव्यक्ति पर बल है, लाक्षणिक प्रयोग बीच-बीच में जहाँ-तहाँ भले मिल जाएँ। नारी होने के कारण मीराँ की तन्मयता और विरह-भावना कुछ अपने-आप से प्रामाणिक लगती है, उनके पदों का भाषिक गठन उतना सशक्त नहीं। उदाहरण के लिए लोकगीत जैसे सीधे वर्णन द्रष्टव्य हैं—

दादुर मोर पपीहा बोले, कोयल सबद सुनावै
घुंमर घटा ऊलर होइ आई, दामिन दमक डरावै

अथवा

(इक) कारी अँधियारी बिजली चमके, बिरहिणी अति डरपाये रे
(इक) गाजै बाजै पवन मधुरिया, मेहा अति झड़ लाये रे

यहाँ सीधा परंपरित वर्णन है, भाषिक प्रयोग से कोई विशिष्ट अर्थ-क्षमता उत्पन्न नहीं होती। लोकगीतों की तरह 'दादुर मोर पपीहा बोलै...' वाली पंक्ति तो इसी रूप में कई पदों में आती है। वर्णन का ढंग और कहीं-कहीं हल्का अप्रस्तुत विधान कृष्ण-काव्य के प्रसिद्ध रचयिता सूर का अनुकरण करता है, पर वहाँ भी बेपरवाही अधिक है। इसीलिए कुछ पद विधान में सूर जैसे लग सकते हैं, पर उनमें वैसा निखार नहीं। कुल मिलाकर मीराँ के काव्य में व्यक्तिगत तन्मयता का विस्तार अधिक है, कविता का दक्ष संप्रेषण कम। यह अवश्य है कि आधुनिक नारी सशक्तीकरण युग के बहुत पहले मीराँ ने अपने आप को स्वयं सशक्त बना लिया था, व्यक्तिगत जीवन में भी और उससे जुड़ी काव्य-रचना में भी।

७

अध्यात्म और कविता : आधुनिक कवियों का भक्ति-काव्य

दर्शन, अध्यात्म और कविता के संगमन का बड़ा सांगोपांग तथा सटीक विवेचन, जैसा पहले भी उल्लेख किया गया, निराला अपने निबंध 'दो महाकवि' ('संग्रह') में करते हैं, जहाँ कवि अपने दो प्रिय और बड़े कवि, रवीन्द्रनाथ तथा तुलसीदास के सापेक्ष मूल्यांकन में प्रवृत्त होता है। निराला का मानना है, "**छायावाद, रहस्यवाद या अध्यात्मवाद की तुलना में रवीन्द्रनाथ किसी तरह भी तुलसीदास के सामने नहीं ठहरते।**" अपनी इस उपपत्ति की पुष्टि के लिए लेखक ने अध्यात्म और दर्शन के विविध संदर्भों में इन दोनों कवियों की तुलना की है। तुलसी और रवीन्द्र की इस तुलना के लिए निराला ने पृष्ठभूमि तैयार की है। लिखते हैं, "इधर जब से पश्चिमी शिक्षा देश में जगी, साधुओं तथा भारतीय पुराणों की आख्यायिकाओं पर लोगों का अविश्वास प्रबल होने लगा। शिक्षित साधुओं से पृथक् हो गए...इस तरह शिक्षितों का एक पृथक् समुदाय देश में तैयार हुआ। राष्ट्र सम्मेलन के लिए नपुंसक, मक्का-मुखी मुसलमानों की तरह, हिंदुस्तान के साधु-समागम से सतर्क बचे हुए, उनकी शिक्षा से विमुख हमारे शिक्षित भी लंडन-मुख बने रहे।" इस क्रम में फिर निबंध-लेखक रवीन्द्र की मुक्ति-साधना, ब्रह्म परिकल्पना, सौंदर्य-दर्शन आदि का विवेचन करते हुए उस की तुलना तुलसी से करता है।

रवीन्द्रनाथ की मुक्ति-साधना के बारे में निराला लिखते हैं, "...वैराग्य-साधने मुक्ति से आमार नय"—वैराग्य साधना द्वारा जो मुक्ति मिलती है, वे कहते हैं, वह मेरी मुक्ति नहीं। रवीन्द्रनाथ की मुक्ति-विवेचना में भी योरप और भारत की खासी खिचड़ी पकती है। पत्रों की हरीतिमा, आकाश की नीलिमा, पुष्पों की सुगंध में इन्हें मुक्ति का स्वाद मिलता है। सुनने में कितना अच्छा है यह वाक्य! मसनद भी न छूटेगी, तकलीफ भी सहनी नहीं, और मुक्ति भी हाथोंहाथ। एक हाथ में पूँजीवाद और दूसरे में अखंड तत्त्वज्ञान। एक आँख से बीबी-बच्चों को स्नेह और प्यार भी कर लेंगे और दूसरे से ब्रह्म भी देख लेंगे। यह दर्शन रवीन्द्रनाथ का है..."। सौंदर्य-दर्शन के प्रसंग में रवीन्द्रनाथ के यहाँ "दिव्य चित्र नहीं निकलता। उधर तुलसीदास में दिव्य-भाव की ही छटा है।" 'कविता में अनेक कोटियाँ हैं' मानने वाले निराला इसी प्रकार, तुलसीदास के अद्वैत दर्शन को अधिक गहरे स्तर पर देखते हैं। रवीन्द्र की दो काव्य-पंक्तियों का विवेचन करते हुए वे लिखते हैं, "यहाँ पहली पंक्ति से दूसरी पंक्ति का

साम्य बिल्कुल नहीं पाया जाता। दूसरी पंक्ति का संबंध छिन्न हो जाता है। मेरा और तुम्हारा संयोग जब होता है, मैं सब कुछ भूल जाता हूँ, इतना तो सत्य है। फिर जो उस समय विश्वसागर तरंगाकार (क्रीड़ाएँ करता हुआ) डोल उठता है, यह कौन देखता है?... इस तरह के भाव पर तुलसीदास बहुत ही खूब उतरते हैं—सो जानै जेहि देहु जनाई। जानत तुम्हहिं तुमहिं ह्वै जाई॥ मिल जाने के बाद, 'तुम' हो जाने के बाद, तुलसीदास फिर उस कल्पना का अंत भी कर देते हैं।'' तब लंबे विवेचन के बाद निराला इस निष्पत्ति पर पहुँचते हैं,''..हमारे विचार से गोस्वामी तुलसीदास साहित्य और सत्य-दर्शन के पारंगत महाकवि हैं। रवीन्द्रनाथ साहित्य के महामान्य महाकवि हैं, पर उनकी दार्शनिक कविता जहाँ उन की मौलिकता लिये हुए है या रचना-चातुर्य से चलती है, उतनी सहृदय नहीं।'' *('मतवाला', १९२९ के अंकों में धारावाहिक प्रकाशित)*

यों कविता, और तदनुसार कवियों, की कोटियों में निराला यहाँ दो को विविक्त कर रहे हैं—'साहित्य और सत्य-दर्शन के महाकवि' तथा 'साहित्य के महाकवि'। भक्ति, अध्यात्म, दर्शन, या कि निराला की शब्दावली में 'सत्य-दर्शन', का काव्य क्रमशः रूपान्तरित भी हुआ है। हिंदी का संदर्भ लें तो सामान्य तौर पर कह सकते हैं कि जहाँ भक्ति-काल के केन्द्र में विनय और लीला है, रीति-काल में सिर्फ़ लीला रह जाती है। द्विवेदी-युग में—जहाँ ब्रज का स्थान खड़ी बोली लेती है—वंदना विनय का स्थान ले लेती है, पहले ईश-वंदना और फिर मातृभूमि-वंदना। छायावाद का कवि प्रार्थना की भाव-भूमि में उतरता है, और उस के बाद प्रणति आती है। इस प्रकार विनय की मुद्रा आराध्य की प्रकृति अपने ढंग से समझने-मानने के अनुकूल बनती है; तदनुसार उस का नामकरण होता है, जिस में के कुछ उदाहरण अभी दिए गए।

यह क्रम-विकास कुछ विस्तार में विवेचन-स्पष्टीकरण चाहता है। सूरदास के बारे में प्रसिद्ध है कि महाप्रभु वल्लभ से भेंट के पूर्व वे विनय के पदों की रचना करते थे—'प्रभु हौं सब पतितनि कौ टीकौ।' अथवा 'हमारे प्रभु औगुन चित न धरौ।' कहा जाता है कि वल्लभ से भेंट के समय सूर ने ऐसा ही कोई पद गाकर उन्हें सुनाया। इस पर महाप्रभु ने कहा—'सूर है कै घिघियात काहे कौं है? कछु भगवल्लीला कौ गान करि।' 'सूर' में संभवत: श्लेष अभिप्रेत हो। और उस के बाद तो कवि ने कृष्ण-लीला का सागर ही जैसे रच दिया हो—सूरसागर। इस किंवदंती की एक प्रकार से व्याख्या में हजारीप्रसाद द्विवेदी ने लिखा है, ''सूरदास इस विरक्ति को लेकर बड़े हुए थे। ...वल्लभाचार्य के संसर्ग में आने पर उन्होंने लीला-गान करने की दीक्षा ली और सरल हृदय बालक की भाँति इस नई चीज को पाकर पुरानी का मोह एकदम त्याग दिया।'' *('हिंदी साहित्य की भूमिका' : सूरदास विषयक प्रकरण)* इस प्रसंग में मुख्य भाव यही है कि वल्लभाचार्य ने सूर के मन की निवृत्ति को कृष्ण-लीला गान में प्रवृत्त करके सौंदर्य और आनंद की विराट् अनुभूति के द्वार कवि के मन में खोल दिए; नकार को सर्जनात्मक सकार बना दिया।

रीतिकाल के ऐहिक वातावरण में विनय का भाव तो छीज गया, कृष्ण-लीला का वर्णन ही प्रधान हो गया। भक्ति में शृंगार की भूमिका प्रबल हो गई, जो एक प्रकार से भारतेंदु के समय तक प्राय: उसी रूप में चली आती है।

द्विवेदी-युग में कविता की भाषा बदलती है, ब्रज से खड़ी बोली; और साथ-साथ संवेदना भी। द्विवेदी युग को छायावाद से जोड़ने वाले जयशंकर प्रसाद ने ब्रज और खड़ी बोली दोनों में रचना की। उनके प्रथम संकलन 'चित्राधार' में अब काव्य का समूचा अंश ब्रज में है, गद्य खड़ी बोली में, बहुत-कुछ भारतेंदु जैसा बँटवारा। इन आरंभिक ब्रजभाषा की कविताओं के बाद प्रसाद फिर खड़ी बोली में आ जाते हैं। एक रोचक तथ्य यह है कि प्रसाद के ब्रजभाषा काव्य में ईश-वंदना की बहुलता है, पर खड़ी बोली काव्य में ईश-वंदना का स्थान मातृभूमि-वंदना ले लेती है। भाषा और संवेदना के साथ-साथ बदलाव का यह साक्ष्य जितना रोचक है, उतना ही कविता की रचना-प्रक्रिया को समझने में उपयोगी भी। परमात्म तत्त्व अब इष्टदेव के रूप में नहीं रह जाता, सगुण का स्थान निर्गुण ले लेता है। इसीलिए द्विवेदी-युग में विनय वंदना में रूपांतरित हो जाती है।

विनय और वंदना की तुलना में प्रार्थना कुछ और सूक्ष्म अमूर्त बनती है, जिस के कुछ अच्छे उदाहरण सुमित्रानंदन पंत में द्रष्टव्य हैं। यों छायावाद में प्रार्थना के दोनों प्रकार मिलते हैं—आरंभिक दौर में निर्गुण, फिर बाद में सगुण, निराला का लंबी अवधि में फैला काव्य जिस का बहुत सटीक साक्ष्य प्रस्तुत करता है। यह स्थिति अपने में रोचक है कि निराला के यहाँ रहस्य जगत् को लेकर है, ब्रह्म को लेकर वैसा नहीं। आरंभिक दौर से अंतिम चरण तक उन की प्रार्थनाएँ सीधे देवी-देवताओं को संबोधित हैं। कवि के प्रतिनिधि-संकलन 'अपरा' में देवी सरस्वती के प्रति 'आवेदन' *(फिर सँवार सितार लो)*; दुर्गा-काली के लिए प्रणति *(जननि, दुखहरण पद-राग-रंजित मरण!)* जहाँ भक्त की चरम कांक्षा है कि उस का शरीरांत देवी के अलक्तक लगे चरणों के तले हो *(जिस रूप में भगवती की मूर्त्ति बहुधा उकेरी, गढ़ी जाती है, स्वयं 'राम की शक्ति-पूजा' में ऐसा उल्लेख आता है—'श्यामा के पदतल भारधरण हर मन्द्रस्वर...' अर्थात शक्ति के चरण तले शिव)*; 'भारती-वंदना' *(भारति, जय विजय करे)* देवी सरस्वती और भारतमाता का संपृक्त स्वरूप; 'मातृ-वंदना' *(नर-जीवन के स्वार्थ सकल / बलि हों तेरे चरणों पर, माँ / मेरे श्रम-संचित सब फल)*—ये सारी वंदना-प्रार्थनाएँ एक-दूसरे में कहीं घुल-मिल गई हैं। निराला के इन भक्ति-प्रणति गीतों की कुछ विस्तृत चर्चा का अवसर आगे होगा।

निराला के भक्ति-काव्य की भाव-भूमि को बहुधा प्रणति की संज्ञा दी जाती है। कुछ ऐसी ही भाव-भूमि छायावादोत्तर काल के कई प्रमुख कवियों में भी मिलती है। मध्ययुगीन कृष्ण-भक्ति-काव्य पर लिखते हुए आचार्य रामचंद्र शुक्ल ने एक बड़ी मार्मिक बात कही है—"मनुष्यता के सौंदर्यपूर्ण और माधुर्यपूर्ण पक्ष को दिखाकर इन कृष्णोपासक वैष्णव कवियों ने जीवन के प्रति अनुराग जगाया, या कम से कम जीने की

चाह बनी रहने दी।'' ज़ाहिर है कि भक्ति-काव्य का यह जीवन-प्रेम, अलग-अलग युगीन संदर्भों में अलग-अलग ढंग से प्रकट होगा, जब कि जीवन-प्रेम की अपेक्षा तो सनातन है। प्रख्यात भक्त कवियों का काव्य पढ़ने-सुनने पर वह हमारे अंदर संस्कार की तरह उतरता है। समकालीन विषमताओं के बीच प्रेरित होकर कभी जब हम भक्ति-काव्य की रचना करते हैं तो वह विचार के स्तर पर अधिक होता है। संदर्भगत इस विविधता का कारण है।

हमारे अपने युग में तर्क-विज्ञान का ऐसा दबाव है कि मध्यकाल जैसी एकांत निष्ठा अब संभव नहीं लगती। यह युग मूलतः संदेहवादी है। तो आज का कवि 'संदेही भक्त' ही हो सकता है, निराला एक बड़े अपवाद जरूर हैं, जिन के यहाँ आरंभ से अंत तक सारे घुमावदार और बीहड़ रास्ते के बीच भक्ति की अंतर्धारा चली चलती है। दूसरी ओर ऐसे कवि हैं, जिन्होंने चौथेपन में भक्ति-काव्य रचा। बच्चन-दिनकर जैसे 'जवानी के कवि' इस भाव-भूमि पर अंततः पहुँचते हैं। उत्तर अज्ञेय में भी ऐसी अनुगूँजें सुन पड़ती हैं।

निराला के भक्ति-गीत यदि उन के लंबे रचना-काल में सर्वत्र फैले-बिखरे हैं तो नयी कविता के स्वयं-घोषित 'अतुकांत' कवि लक्ष्मीकांत वर्मा ने पचहत्तर की आयु पूरी करके जैसे एक व्यवस्थित 'विनयपत्रिका' एकबारगी तैयार की है 'दीप देहरी...' (१९९७) नाम से। शीर्षकहीन सौ कविताओं के इस संकलन में से एक कविता (सं० ७) का आरंभ यहाँ उद्धृत है—

मैं कितनी दूर से
तुम्हारे पास आया हूँ
और तुम मूर्त्तियों में गड़े सो रहे हो!

यदि कविता के भीतर से देश-काल के संदर्भ निकालने हों तो कह सकते हैं कि यह प्रयाग में संगम-तट पर लेटे हनुमान जी का स्तवन है; यों अपनी व्यापक काव्य-अनुभूति में वह परम तत्त्व के किसी रूप को संबोधित हो सकती है। कहना न होगा, लक्ष्मीकांत के इस संकलन की प्रायः सभी कविताएँ प्रार्थना और प्रणति की विविध मुद्राओं में चलती हैं। निराला ने द्विवेदी-युग के व्यवस्थित काव्य-प्रकारों के बीच विद्रोह किया था। लक्ष्मीकांत विद्रोहियों के बीच विद्रोही हैं। इसीलिए लक्ष्मीकांत की प्रणति कहीं प्रायश्चित्त का रूप लग सकती है, पर निराला अपने विद्रोह और अपनी प्रणति दोनों में सहज हैं, और यहीं उन का रचनात्मक आत्मविश्वास बड़ा है।

नरेश मेहता और शमशेरबहादुर सिंह नयी कविता के अग्रणी कवि हैं, दोनों 'दूसरा सप्तक' में सहयोगी और मूलतः प्रकृति, प्रेम और सौंदर्य के चितेरे। दोनों आरंभिक रचना-काल में मार्क्स के चिंतन को स्वीकार करते हैं, तथा लंबे समय तक साम्यवादी आंदोलन से जुड़े रहे हैं। बाद में दोनों अध्यात्म की ओर उन्मुख होते हैं, नरेश काफ़ी पहले विस्तार में, शमशेर महज़ संकेतात्मक रूप में। शमशेर के मरणोत्तर संकलन

'कहीं बहुत दूर से सुन रहा हूँ' (१९९५) में जहाँ-तहाँ अध्यात्म की झलक मिल जाती है। अंत की ओर तो एक पूरा 'भजन' ही दिया हुआ है—**'हरि मोरी आड़, हरिहि मोरी आड़/ हरि मोरी झाँकी, हरिहि केवाड़।'**, यद्यपि इस का रचना-काल छठे दशक में उल्लिखित है। संग्रह की संपादिका, और शमशेर को अंतिम दौर में क़रीब से देखने-समझने वाली रंजना अरगड़े का आमुख में पर्यवेक्षण प्रस्तुत संदर्भ में महत्त्वपूर्ण है। वे लिखती हैं, ''शमशेरजी भीतर से गहरे तक कहीं आध्यात्मिक थे। संपूर्ण रचना-रूप भी अंदर-बाहर से ऐसा ही था। आज तक मार्क्सवाद और रूपवाद की लड़ाई में उन की असली कविता मानों हमारे हाथों से फिसल गई। इस संग्रह के बहाने शायद इस पहलू पर भी विचार होगा, ऐसा मेरा विश्वास है।''

कुछ परवर्ती कवियों में कैलाश वाजपेयी की चिंतनपरक रुचि जैसी अध्यात्म में गहरे विकसित हुई वैसी सघन रचनात्मक अभिव्यक्ति उन के यहाँ अभी होनी है।

इस प्रसंग में एक जिज्ञासा और बनी रहती है। शमशेर-नरेश के मित्र और सहयोगी कवि मुक्तिबोध और रघुवीरसहाय को यदि पूर्णायु मिली होती तो क्या वे भक्ति-काव्य लिखते या कि आध्यात्मिक रचना करते, और लिखते-रचते तो किस प्रकार का?

काव्य और दर्शन / अध्यात्म का रचनात्मक संबंध लंबे समय से विवाद और विचार का विषय रहा है। महान् साधक और संपन्न कवि श्री अरविंद का साक्ष्य इस प्रसंग में स्पष्ट ही महत्त्वपूर्ण है। अपने साहित्यपरक पत्रों के संकलन के अंतर्गत 'कविता में दर्शन' की स्थिति पर सीधे टिप्पणी करते हुए, संभवत: किसी समाचार-पत्र में १९३१ में प्रकाशित आलेख पर, श्री अरविंद अपनी प्रतिक्रिया यों व्यक्त करते हैं, ''कविता में दर्शन' से आप के संवाददाता का अभिप्राय है क्या? निश्चय ही यदि कोई अतिभौतिक तर्क को छंद में ढाल दे यूनानी एम्पीडोक्लस या कि रोमन लूक्रिटियस की तरह तो यह एक जोखिम का व्यापार है और संभावना है कि यह तुम्हें गद्यात्मक कविता में ले जाए जो मिश्रण काव्यात्मक गद्य से तो कम क्षम्य है। कुछ कम ख़तरनाक ढंग से दर्शनपरक होने में भी यह चिंता रखनी होगी कि सपाट या भारी न हो जाएँ। स्पष्ट ही आकाशचारी पक्षी के गाने में काव्यात्मक होना आसान है उस स्थिति की तुलना में जब कि आप ब्रह्म के तत्त्व को छंद के वस्त्र में आच्छादित कर रहे हों। पर इस का अर्थ यह नहीं कि कविता में विचार या आध्यात्मिक विचार या सत्य की अभिव्यक्ति के लिए कोई स्थान नहीं है, और कोई ऐसा बड़ा कवि नहीं हुआ जिसने दर्शनपरक होने का यत्न न किया हो।'' कविता में दर्शन या अध्यात्म का यह विवेचन अत्यंत संतुलित है, पर स्वयं अपने कवि-कर्म में इस संतुलन का निर्वाह श्री अरविंद के यहाँ कितना हो सका है, इस पर मत-भेद संभव है।

वस्तुत: दर्शन और अध्यात्म कविता के सब से बड़े शत्रु हैं, और परम उपकारक भी, निर्भर करता है उन की घुलावट पर। स्वयं श्री अरविंद के 'सावित्री' महाकाव्य में दर्शन-अध्यात्म ने कविता को आक्रांत कर-लिया है, जब कि उन के समकालीन रवीन्द्र की 'गीतांजलि' में कविता और अध्यात्म को अलग-अलग कर पाना असंभव

है। मध्यकाल में कबीर और तुलसी का काव्य या कि आधुनिक काल में 'कामायनी' ऐसे ही समागम का उत्कृष्ट उदाहरण है। पर यहाँ भी कहीं-कहीं दर्शन और अध्यात्म की प्रबलता कविता को दबा लेती है, जैसे 'रामचरितमानस' के उत्तरकांड अथवा 'कामायनी' के अंतिम तीन सर्ग दर्शन, रहस्य और आनंद में। कुल मिला कर भाव-प्रधान विधानों से कविता बनना सहज है, जैसे भक्ति, शृंगार, राष्ट्रीयता या कि देशभक्ति में से, तर्क या व्यवहार-प्रधान विधानों से अपेक्षया मुश्किल, जैसे दर्शन या राजनीति से। दर्शन और कविता तो, जैसा कहा गया, एक-दूसरे को शत्रुभाव से देखते हैं ज्योतिष के मुहाविरे में। अध्यात्म की स्थिति कहीं बीच की है। पर सर्वत्र कविता की कसौटी एक ही है कि कोई अनुभव या विचार अनुभूति में ढल पाया है या नहीं! अनुभव का अनुभव अनुभूति, और फिर अनुभूति का अनुभव कविता!

अंत में निराला के भक्ति-काव्य की कुछ अलग से विवेचना अपेक्षित है।

निराला की विनयपत्रिका

विद्रोही कवि निराला के प्रिय और बड़े कवि मर्यादावादी तुलसीदास हों—जैसा कि इस प्रकरण के आरंभ में हम देख भी चुके हैं—तो यह वरण अपने में एक तरह का विरोधाभास है। कवि ने अपनी प्रबंध-रचना लंबी कविता के रूप में राम-कथा के एक मार्मिक और ओजस्वी प्रसंग पर की—'राम की शक्ति-पूजा', और एक खंड-काव्य जैसा रचा राम-कथा के गायक तुलसीदास पर 'तुलसीदास' शीर्षक से। 'शक्ति-पूजा' भारतीय जीवन के सब से बड़े नायक राम के शक्ति-संपन्न होने की प्रक्रिया है, तो 'तुलसीदास' हिंदी क्षेत्र के सबसे बड़े रामकथा-गायक तुलसी के शीर्ष कवि बनने की। 'मौलिक कल्पना' की अवधारणा दोनों को गहरे स्तर पर जोड़ती है। फिर प्रबंध के साथ-साथ स्फुट रूप में तुलसी जैसे विनय के पदों—या कि आधुनिक ढंग के गीतों की भी रचना निराला ने की। तुलसी यों हर रूप में उन के आदर्श हैं। विद्रोही की विनय भी वैसी ही सच्ची है, यह इन प्रार्थना-प्रणति के गीतों में सहज द्रष्टव्य है।

यहाँ फिर स्मरण दिलाना होगा कि भक्ति और विनय के गीत निराला के रचना-काल के एकदम आरंभ से एकदम अंत तक चलते रहते हैं। रामविलास शर्मा द्वारा संपादित निराला-काव्य के संकलन 'राग-विराग' का ही यदि एक सर्वेक्षण कर लिया जाए तो आरंभिक दौर में इस प्रकार की रचनाएँ दिखेंगी—'दे, मैं करूँ वरण / जननि, दुखहरण पद-राग-रंजित मरण', 'अनगिनित आ गए शरण में जन, जननि', 'पावन करो नयन'!, 'वर दे, वीणावादिनी वर दे।', 'भारति, जय विजय करे!', 'प्रात तव द्वार पर / आया, जननि, नैश अंध पथ पार कर'; इन गीतों के अतिरिक्त 'राम की शक्ति-पूजा' में कई स्थलों पर अत्यंत मार्मिक दुर्गा-स्तवन है। द्वितीय चरण में विनय-गीत कम हैं—'दलित जन पर करो करुणा' इस कोटि में आता है। तृतीय चरण का श्रेष्ठतम कृतित्व भक्ति और प्रणति के गीतों में द्रष्टव्य है। इन गीतों की संख्या भी इस अवधि में सबसे अधिक है। कुछ का उल्लेख यहाँ किया जा रहा है—'वरद हुईं शारदा जी

हमारी', 'जिधर देखिए, श्याम विराजे', 'नील जलधि जल / नील कराभय', 'भग्न तन, रुग्ण मन / जीवन विषण्ण वन', 'मरा हूँ हजार मरण / पाई तव चरण शरण', 'हे जननि, तुम तपश्चरिता', 'माँ अपने आलोक निखारो', 'दुरित दूर करो नाथ / अशरण हूँ, गहो हाथ', 'भजन कर हरि के चरण, मन', 'अशरण-शरण राम / काम के छवि-धाम'। भक्ति और विनय के ये गीत माँ शारदा, दुर्गा, काली, लक्ष्मी, हरि, शंकर, राम और कृष्ण को संबोधित हैं। यदि इनको एकत्र व्यवस्थित कर दिया जाए तो जैसे पहले भी कह चुका हूँ (द्र० 'प्रसाद-निराला-अज्ञेय' : १९८९), निराला की एक संपूर्ण विनयपत्रिका बन जाएगी। यहाँ वे हिंदी के संतों और भक्तों की नामावली को समृद्ध करते दिखते हैं। कवि के उत्तरकालीन संग्रह 'अर्चना'-'आराधना' शीर्षकों से भी विनयपत्रिका की ध्वनि आती है।

निराला की इस विशिष्ट भाव-भूमि के पीछे उन के आराध्य रामकृष्ण-विवेकानंद की प्रेरणा किसी क़दर सक्रिय देखी जा सकती है, जिस से उन के चरम विद्रोह और गहन भक्ति-भाव के बीच कहीं गहरी संगति है। देवी के विविध रूपों के प्रति विशेष प्रणति इस सान्निध्य से फलीभूत होती है। स्वामी विवेकानंद की प्रसिद्ध लंबी कविता 'नाचुक ताहाते श्यामा' का अनुवाद भी निराला ने 'नाचे उस पर श्यामा' शीर्षक से किया है। 'अपरा' संकलन में अनुवाद के नीचे टिप्पणी है—'स्वामी जी ने इस में कोमल तथा कठोर भावों की वर्णना द्वारा कठोरता की सिद्धि दिखलाई है।' हो सकता है जाने-अनजाने निराला ने इस मंतव्य को अपने लिए भी एक काव्यादर्श माना हो। फिर ध्यान देने की बात यह भी है कि निराला के इन भक्ति-प्रार्थना-गीतों में 'हारे को हरि नाम' की मुद्रा नहीं। भक्ति की अनुभूति उन्हें बराबर लौकिक जीवन से जोड़े रहती है, इसलिए रचना-शक्ति का अनवरत स्रोत है। निराला के इस आस्तिक हिंदू मनस् को ध्यान में रख कर ही उनके कृतित्व को ठीक-ठीक समझा जा सकता है, उन के विद्रोह को भी और उन की प्रणति को भी, 'कोमल तथा कठोर भावों' की सन्निधि में।

तिथि-क्रम

(तिथियाँ ईसवी सन् में हैं; पर भक्ति-काल से संबंधित ये अधिकतर तिथियाँ बहुत पक्की नहीं कही जा सकतीं।)

कबीरदास : १४००—१५२०

सूरदास : १४७९—१५८२

मलिक मुहम्मद जायसी : १४९२—१५४२

(पदमावत— रचनाकाल : १५३०)

मीराँबाई : १४९८—१५६२

तुलसीदास : १५३२—१६२३

(रामचरितमानस— रचनाकाल : १५७४)

सहायक ग्रंथ

१. कबीर ग्रंथावली : (सं०) पारसनाथ तिवारी, हिंदी परिषद्, प्रयाग विश्वविद्यालय : १९६१

२. जायसी ग्रंथावली : (सं०) रामचंद्र शुक्ल; नागरी प्रचारिणी सभा, काशी : १९२४ / संस्करण : १९४९

३. पदमावत : संजीवनी व्याख्या (सं०) वासुदेवशरण अग्रवाल, साहित्य सदन, झाँसी : १९५५ / संस्करण : २०००

४. सूरसागरसार : (सं०) धीरेन्द्र वर्मा; साहित्य भवन, इलाहाबाद : १९७२ / संस्करण : १९७७

५. रामचरितमानस : गीता प्रेस, गोरखपुर संस्करण

६. मीराँबाई की पदावली : (सं०) परशुराम चतुर्वेदी; हिंदी साहित्य सम्मेलन, इलाहाबाद : संस्करण १९८३

७. दिव्यप्रबंध : आलवारों की वाणी (अनु०) श्रीनिवास राघवन; हिंदी भवन, शांतिनिकेतन : १९८०-८९

८. रामचंद्र शुक्ल : गोस्वामी तुलसीदास; नागरी प्रचारिणी सभा, काशी : १९२३ / संस्करण : १९८३

: भ्रमरगीत सार; साहित्य-सेवा-सदन, बनारस : १९२५ / संस्करण : १९४९

: हिंदी साहित्य का इतिहास; नागरी प्रचारिणी सभा, काशी : १९४० / संस्करण : १९४५

९. हजारीप्रसाद द्विवेदी : हिंदी साहित्य की भूमिका; हिंदी ग्रंथ रत्नाकर, बंबई : १९४० / संस्करण : १९४८

१०. रामविलास शर्मा : भारतीय संस्कृति और हिंदी प्रदेश; किताबघर, नयी दिल्ली : १९९९

११. विद्यानिवास मिश्र : लागौ रंग हरी-श्याम रसायन; प्रभात प्रकाशन, दिल्ली : १९८५

१२. नामवर सिंह : दूसरी परंपरा की खोज; राजकमल प्रकाशन, दिल्ली : १९८२

१३. विष्णुकांत शास्त्री : भक्ति और शरणागति; लोकभारती, इलाहाबाद : १९९२

१४. प्रेमशंकर : भक्तिकाव्य का समाजदर्शन; वाणी प्रकाशन, नयी दिल्ली : २०००

१५. रघुवंश : कबीर : एक नई दृष्टि; लोकभारती, इलाहाबाद : १९९१

१६. रमेशचंद्र मिश्र : कबीर अकेला; संत साहित्य संस्थान, दरियागंज, नयी दिल्ली : १९९९

१७. विजयदेवनारायण साही : जायसी; हिंदुस्तानी एकेडेमी, इलाहाबाद : १९८३

१८. हरिमोहनदास टंडन : ब्रज के वैष्णव संप्रदाय और हिंदी साहित्य; साहित्य भवन, इलाहाबाद : १९९७

१९. सूरसागर (सटीक) : हरदेव बाहरी-राजेन्द्रकुमार वर्मा, लोकभारती, इलाहाबाद : १९७८

२०. मीरा श्रीवास्तव : कृष्णकाव्य में सौंदर्यबोध एवं रसानुभूति; हिंदी साहित्य सम्मेलन, इलाहाबाद : १९७६

२१. निशा अग्रवाल : सृजनशीलता और सौंदर्यबोध; हिंदी साहित्य सम्मेलन, इलाहाबाद : १९८५

२२. कामिल बुल्के : रामकथा और तुलसीदास; हिंदुस्तानी एकेडेमी, इलाहाबाद : १९७७

२३. मालती तिवारी : नाम साधना; हिंदी परिषद्, प्रयाग विश्वविद्यालय : १९८१

२४. अभय शुक्ल : भक्ति काल और हिंदी आलोचना; साहित्य भवन, इलाहाबाद : २०००

२५. द मिलेनियम कबीर वाणी : विनान्द एम० कैलैवर्त्त; मनोहर, नयी दिल्ली : २०००